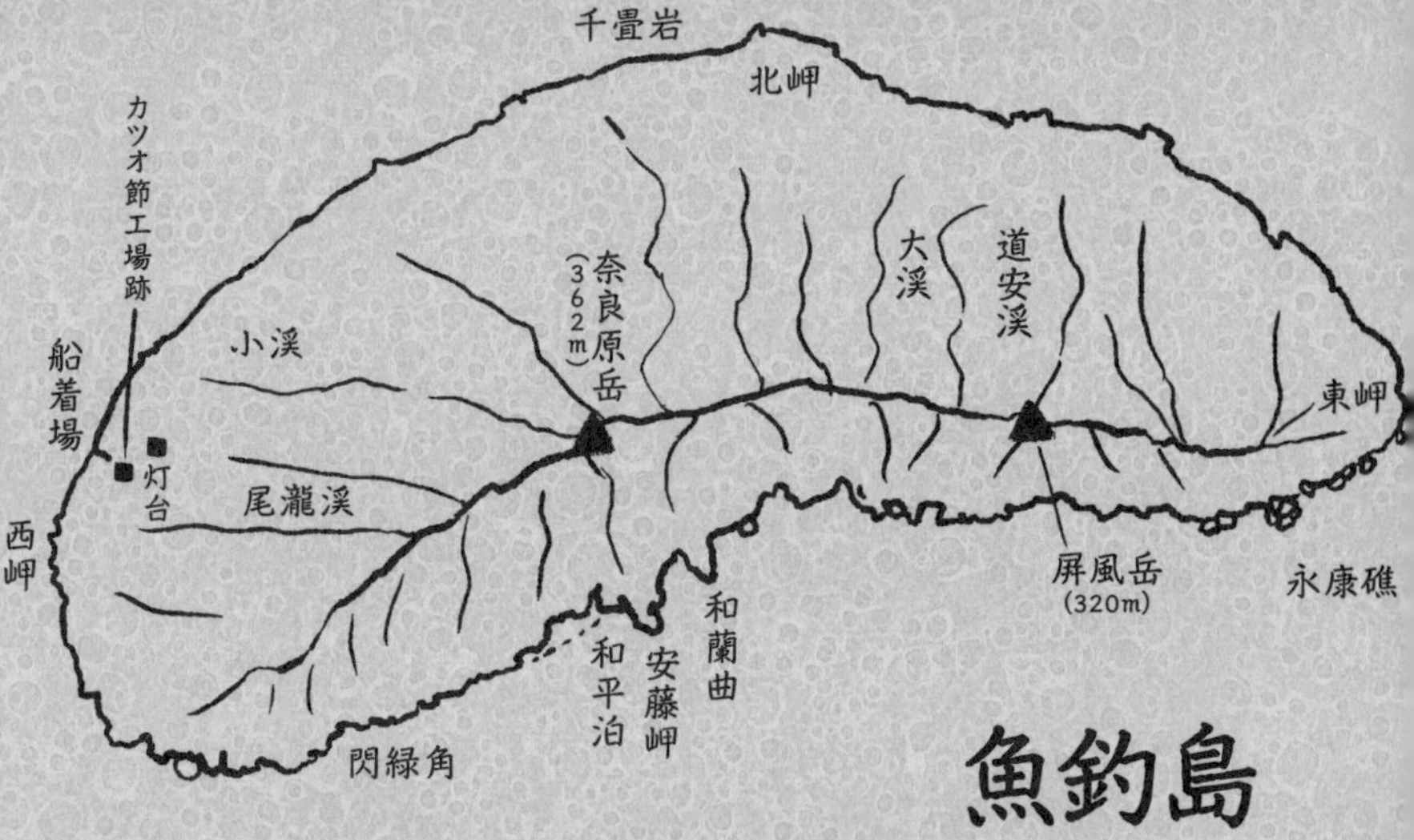
千畳岩
北岬
カツオ節工場跡
船着場
灯台
西岬
小渓
尾瀧渓
奈良原岳
(362m)
大渓
道安渓
東岬
屏風岳
(320m)
永康礁
和蘭曲
安藤岬
和平泊
閃緑角
魚釣島



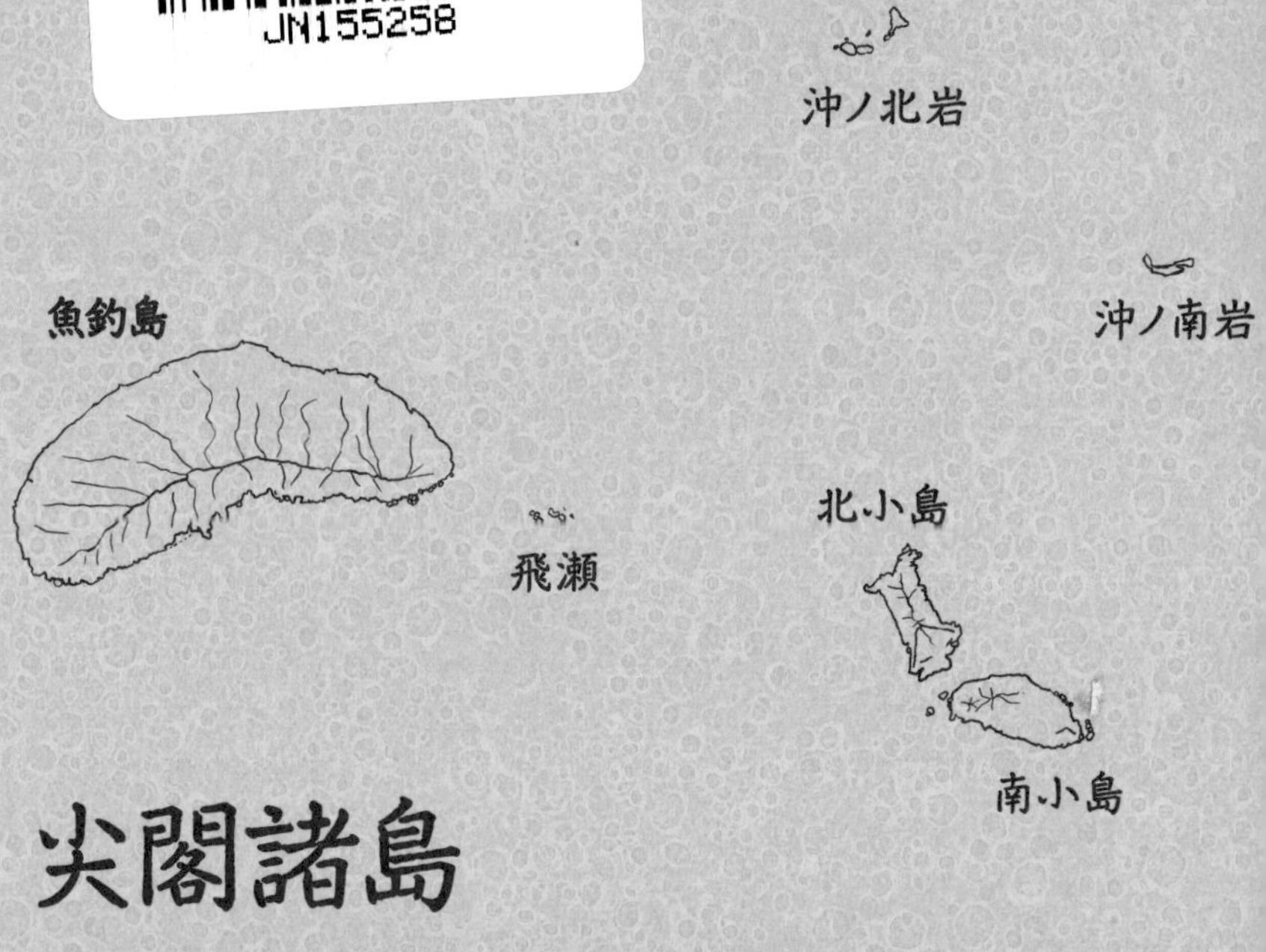
沖ノ北岩
沖ノ南岩
魚釣島
飛瀬
北小島
南小島
尖閣諸島

# 尖閣諸島と日中外交

## 証言・日中米「秘密交渉」の真相

塩田 純
Jun Shioda

講談社

# 尖閣諸島と日中外交

証言・日中米「秘密交渉」の真相

目次

装幀／井上則人・阿部文香（井上則人デザイン事務所）
イラスト＆マップ／河井克夫
本文レイアウト／柳川昭治

# 尖閣諸島と日中外交

## 証言・日中米「秘密交渉」の真相

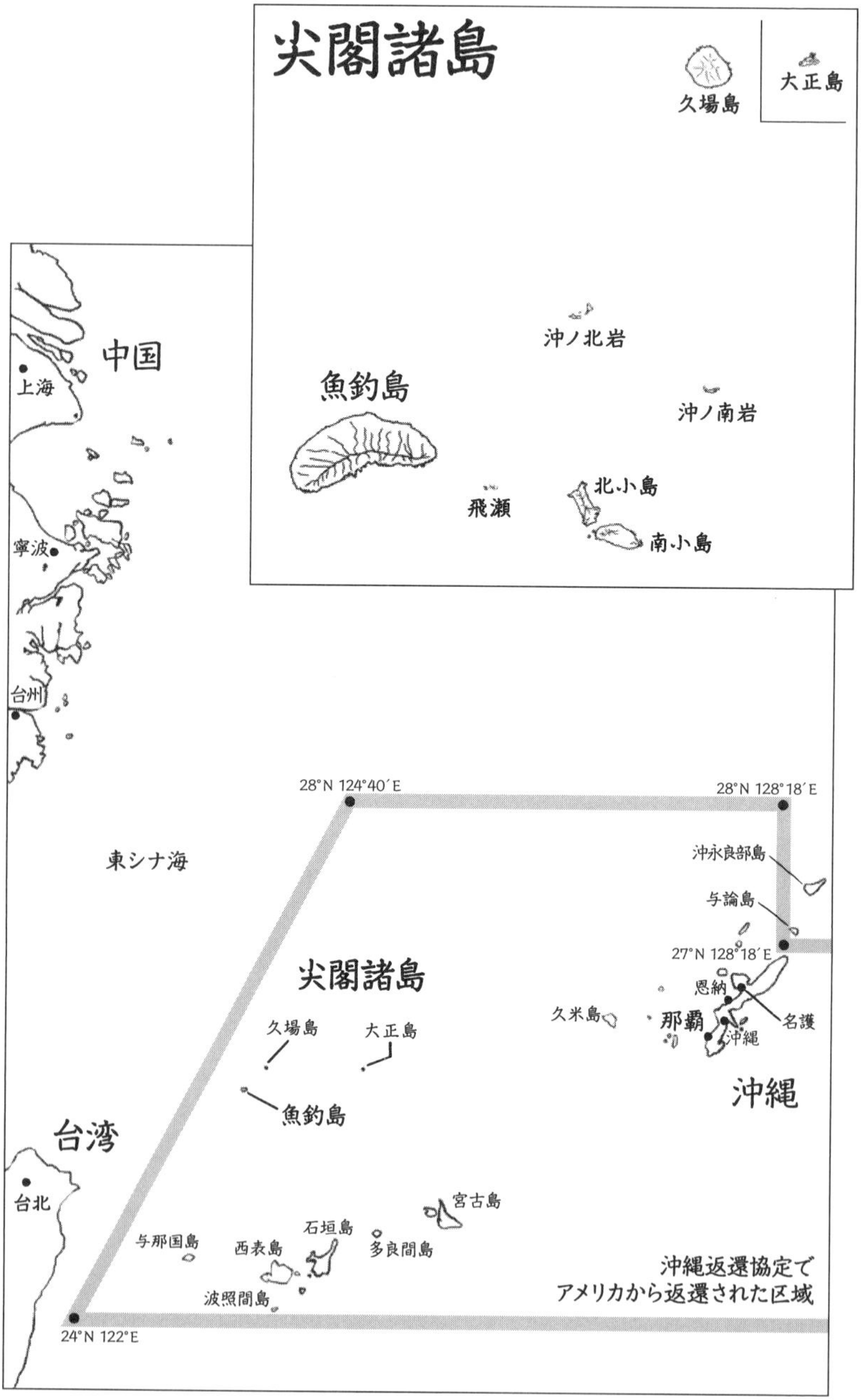

尖閣諸島
久場島
大正島
沖ノ北岩
魚釣島
沖ノ南岩
北小島
飛瀬
南小島
中国
上海
寧波
台州
東シナ海
28°N 124°40´E
28°N 128°18´E
沖永良部島
与論島
27°N 128°18´E
尖閣諸島
恩納
久米島
那覇
名護
沖縄
久場島
大正島
魚釣島
沖縄
台湾
台北
宮古島
石垣島
与那国島
西表島
多良間島
波照間島
沖縄返還協定で
アメリカから返還された区域
24°N 122°E

# 序章 日中友好と尖閣問題のはざまで

スローガンを叫びながら行進するデモ隊。2012年8月19日

沖縄県石垣市・尖閣《せんかく》諸島。東シナ海にうかぶ総面積5・53平方キロメートルの島々が、日中米三国の外交・安全保障の焦点となっている。

2017年、トランプ政権が誕生すると、日本政府がアメリカに何よりも先に確認を求めたのが、尖閣諸島が日米安全保障条約第五条の適用範囲であることだった。日本時間2月11日、発表された日米共同声明では、安保条約第五条の適用を確認した上で、次のように記された。

「尖閣諸島に対する日本の施政を損なおうとするいかなる一方的な行動にも反対する」

名指しを避けながらも、中国を牽制する内容になっていた。

尖閣諸島をめぐって日中の緊張が高まったのは、今から5年前の2012年9月のことだった。テレビは中国各地に広がった反日デモの映像を連日、流し続けていた。そんな過熱報道を横目で見ながら、テレビ・プロデューサーの私は、中国について全く異なる視点から番組に取り組んでいた。

この年、奇《く》しくも日中国交正常化から40年を迎えていた。NHKスペシャルで戦後の日中外交をふりかえる番組を企画したのだ。

1972（昭和47）年9月、戦後の首相としてはじめて北京を訪れた田中角栄。周恩来との歴史的な会談はどのように実現したのだろうか――。

舞台裏で、国交正常化への道を切り拓いた人物に光を当てることはできないか。

私は、高碕達之助《たかさきたつのすけ》と大平正芳、二人の政治家の秘められた外交を新資料と証言で描こうとしていた。高碕は中国との間でLT貿易とよばれる経済交流を始めた政治家だ。大平正芳は「あーうー」という口癖で知られ「鈍牛」ともよばれたが、理念を持った政治家として近年、再評価されている。1972年、田中角栄の訪中を舞台裏で支えていたのは、当時、外相で田中の盟友でもあった大平である。

この二人を軸に、周恩来ら中国側の動きも取材し、外交ドキュメントとしてまとめようと2010年から取材を進めていた。

国交正常化40年を迎えた2012年。AKB48の北京公演をはじめ、友好を祝う企画も準備が始まり、日中は祝賀ムードに彩られるかにみえた。

ところが、4月16日、訪米中の石原慎太郎都知事が尖閣諸島・魚釣島《うおつりしま》などを地権者から購入する方針を決めたと発表。中国が反発し、雲行きが怪しくなってきた。それまで何度も中国でロケをしてきたが、時の政治状況で入国が延期されたり、取材が拒絶されたりした苦い経験があった。

「中国ロケを急いだほうがいい」

そう感じた私は、中国ロケを5月までに撮り終えることにした。周恩来の通訳を務め、中日友好協会副会長の王效賢《おうこうけん》をはじめ、外交部関係者のインタビューを収録した。

その後、7月から8月にかけて日本での取材を進めたが、事態は私の予測を超えて悪化していった。8月15日、香港から七人が尖閣に上陸。その2週間後には、丹羽宇一郎《にわういちろう》中国大使が乗った公用車の国旗が奪われる事件も起こった。

「番組で尖閣諸島をどう扱うのか、本当に放送できるのか」

取材先から不安視する電話がかかってくる。AKB48の北京公演をはじめ予定されていた行事が次々に中止となっていく。

9月11日、日本政府が尖閣諸島の国有化を宣言すると中国各地で反日デモが広がった。ちょうど番組の編集を進めていたさなか、テレビは連日、デモ隊に襲われる日本のデパートや破壊される日本車の映像を伝え続けていた。メディアは中国の「反日」の分析に集中している。友好の節目の年なのに、日中関係は最悪の状況に陥った。

放送日が迫っていた。どうするのか。

取材に当たっていたディレクターとも話し合い、方針を確認した。

「こんな時だからこそ、日中関係を築いた先人の知恵から何が学べるのか、伝えるべきではないか。高碕達之助や大平正芳を軸にするという基本方針は変えずにいこう」

「尖閣諸島については、これまでの経緯を客観的な記録で明らかにし、日中双方の証言を冷静に放送しよう」

尖閣諸島については、1972年の田中訪中の直前、周恩来が「尖閣問題については触れる必要はありません」と日本側に伝えていた。紛糾する領土問題は扱わず、国交正常化を急ぐ周恩来の判断である。田中訪中の前に、すでに、尖閣は取り上げないことで日中は了解していた。

ところが、会談で田中首相が突然、尖閣について発言していたことが、近年公開された外交記録で明らかになった。

番組ではこの外交記録とともに日中双方の証言を取材し、放送することにした。

9月30日、「NHKスペシャル　日中外交はこうして始まった」の放送の日。

台風17号が本州に上陸したため、放送は通例の午後9時から30分遅れで始まった。L字放送とよばれ、画面の隅には台風情報が表示される。落ち着いて日中関係史の番組を視聴しようとする人々がどのくらいいるのか、不安がよぎった。尖閣諸島についてどんな反響が来るのかも心配だった。

しかし、放送中、電話対応をしていると、危惧したような「今なぜ、日中友好の歴史を放送するのか」といった声は少なかった。むしろ「タイムリー」と受け止めた意見が多かった。田中角栄は有名だが、外相の大平正芳らの水面下の交渉をはじめて知ったという声もあった。「この時期だからこそ友好関係をどのようにして築いたのか、過去を知ることに意味がある」という好意的な反響もあった。

翌日のビデオリサーチの世帯視聴率を見て驚いた。13・6％。この種のハードなドキュメンタリーとしては異例の高さだ。結局、２０１２年度に放送されたNHKスペシャルでは「世界初撮影！　深海の超巨大イカ」に次ぐ、高視聴率だった。日中関係に寄せる国民の関心の高さをあらためて認識させられた。

さらに、この番組の放送後、尖閣諸島をめぐる外交について、アメリカで注目すべき資料が次々に公開された。田中訪中の前、１９７０年代はじめ、佐藤栄作首相の沖縄返還交渉にかかわる文書だった。

尖閣諸島が国際的に注目されるようになったのは、１９６８年、ＥＣＡＦＥ（国連アジア極東経済委員会）の調査により、周辺の海域で石油埋蔵の可能性が指摘されてからだ。１９７１年、台湾、中国が尖閣の領有権を主張する。

当時、尖閣諸島はアメリカの施政権下に置かれていた。日本は沖縄返還交渉で、返還協定に「尖閣諸島を含む」施政権の返還を求めていた。アメリカは尖閣諸島について自らの立場を明らかにすることを迫られた。

公開された文書によれば、アメリカ国務省は「尖閣の主権に関する衝突が生じた場合、関係する当事者同士で解決する」としていた。つまり、尖閣諸島の領有権については、日本、中国、台湾いずれの立場にも立たないという中立の姿勢である。

さらに２０１３年、注目すべき記録が発見された。リチャード・ニクソン大統領とヘンリー・キッシンジャー大統領補佐官の会話の録音記録である。

１９７１年6月7日。沖縄返還協定調印の10日前、ピーター・ピーターソン大統領補佐官が、一つの提案を行った。台湾から繊維製品の輸出規制という譲歩を引き出すために、尖閣諸島の施政権の日本への返還を保留するという提案である。

当時、ニクソン政権は日本や台湾などに繊維製品の輸出規制を求めていた。佐藤首相は沖縄返還交渉で、繊維製品の輸出規制について「最善を尽くす」と約束。しかし、その約束は履行されず、ニクソンはいらだっていた。そんな中、台湾との繊維交渉が行われた。台湾に繊維製品の輸出規制を求めるかわりに、尖閣諸島の領有権について台湾の主張に配慮しようというピーターソンの提案である。

ホワイトハウスに緊急会議が招集されたが、その時の生々しいやりとりが録音されていたのだ。キッシンジャーは尖閣諸島についてのこれまでの経緯を報告させ、ピーターソンの提案が沖縄返還に重大な支障をきたすと考え、ニクソンに進言する。

「今、尖閣諸島を扱うことへの私の大きな心配は、日本に対して返還協定を意図的に妨害しているようになることです。日米関係が重大な危機にさらされるでしょう」

ニクソンにとっては、はじめて聞く尖閣諸島の存在だ。

「このいまいましい島々（Goddamn islands）はなんだ！」と思わず漏らしている。

結局、「沖縄返還協定が台なしになる」というキッシンジャーの提言を容れて、ピーターソンの提案は斥《しりぞ》けられた。

これまで部分的に紹介されてきた秘密録音だが、本書では取り寄せたCDから聞き取れる部分は可能なかぎり文字に起こし、全容を紹介することにした。そこから見えてきたのは、尖閣諸島の領有権は沖縄返還交渉と密接に結びついていること、そして、その交渉には日米、そして台湾の複雑な外交、とりわけ繊維交渉が絡んでいることである。

さらに注意しなければいけないのは、その背後で、米中和解という外交の大転換が起こっていたことだ。

キッシンジャー大統領補佐官の極秘訪中が発表されるのは、返還協定調印の翌月、7月15日のことである。いわゆるニクソンショックだ。アジアの冷戦構造が大きく転換していくさなか、尖閣諸島の存在がにわかにクローズアップされ、外交の焦点となっていたのである。

結局、沖縄返還協定では、返還の範囲は経度と緯度によって示され、尖閣諸島はその中に含まれるものの、文言としては明示されなかった。そこには中国、台湾を視野に入れたアメリカの外交戦略が潜んでいた。尖閣問題は日中の二国間関係だけでは読み解けないのだ。

私は尖閣諸島をめぐる外交を沖縄返還、米中和解という大きな外交史の転換の中で、いま一度とらえ直したいと考えた。しかし、このテーマはきわめて微妙な問題でもあり、また、取材範囲も広く、すぐには番組として実現できなかった。

チャンスが訪れたのは、戦後70年の２０１５年。ＮＨＫスペシャルで戦後史を通覧するシリーズを放送することになった。「戦後70年　ニッポンの肖像」である。日本の戦後外交を三回に分けて放送することになり、その第二回で、「冷戦　日本の選択」という副題で日中関係に迫ることになった。

今度は取材の範囲を日中だけにとどめず、アメリカ、台湾にまで広げ、とりわけ、アメリカでの外交資料の発掘、そしてインタビューに力を注いだ。

番組は２０１５年６月20日の夜に放送された。

この番組で重要な証言を行ったのが、外務省の法規課長、条約課長を歴任した栗山尚一《たかかず》である。病院に通う日々だったが、沖縄返還から日中国交正常化について二回に渉《わた》ってインタビューに応じてくださった。しかし、放送の２ヵ月前の４月１日、栗山は83歳で亡くなった。私たちの番組が生前最後のテレビ・インタビューとなった。

栗山の死の3日前、3月29日、同じく外務省OBの吉野文六《ぶんろく》が96歳で世を去った。沖縄返還交渉当時、アメリカ局長だった吉野は、晩年、日本が基地撤去費用を肩替わりする密約について重要な証言を行っていた。

この密約は、毎日新聞記者の西山太吉《たきち》が入手した外務省の極秘電をもとに、1972年、国会で追及された。しかし、西山は外務省の女性事務官と関係を結び、秘密文書を持ち出させたとして、国家公務員法違反で有罪とされた。密約の存在はスキャンダルにかき消されていった。

ところが、2006年、吉野は「過去の歴史を歪曲するのは、国民のためにならない」として、密約が存在し、密約文書に署名したことを認めた。私たちは何とか、インタビューできないかと交渉し、亡くなる18日前に横浜の自宅に吉野を訪ねた。脳梗塞を患い、車いすに乗った吉野には娘の朝子が付き添い助けてくれたが、証言は難しい状況だった。

「もう少し早く訪れるべきだった」

深い後悔を胸に吉野の家を後にして間もなく、私は訃報に接した。

現代史のドキュメンタリーは時間との闘いでもある。政治的に重要な問題は、なかなか資料が公開されない。ようやく資料が公開される時には、意思決定に関わった当事者はこの世にいない。日本でも外交記録が公開されているものの、アメリカの情報公開に比べ、大きく後れている。私たちは、日中平和友好条約での尖閣諸島の交渉について外務省に情報開示を求めたが、十分な資料を入手できなかった。それでも、アメリカで公開された資料から、うかがい知ることができる事実は数多い。

二つの番組の取材で多くの方にインタビューしたが、番組で紹介できた証言は、ごく一部だった。中国課長や中国大使をつとめた橋本恕《ひろし》、栗山尚一、そして元中国大使の中江要介《ようすけ》、元中国課長の岡田晃《あきら》、取材に応じていただいた外務省関係者が相次いで鬼籍に入られた。こうした方々のご厚意に応える意味でも、私は、遺された証言をもとに日中国交正常化から日中平和友好条約調印にいたる道のりと尖閣諸島をめぐる交渉の経緯を記すことにした。

また、多くの中国外交部関係者が外交の舞台裏を赤裸々に語ってくださった。しかも、この本で紹介した証言はほとんど日本語で行われた。その内容はそのまま活字化して収載している。みな日中友好の歴史を残すことで協力していただいたが、取材中に浮上した尖閣諸島について質問を重ねざるをえなかった。その結果、尖閣問題の起源を米中和解と日中国交正常化という国際関係の大きな転換のなかで見つめ直すことになった。

それは、今日、緊張が続く東アジアで日本の外交を考える際に、大切な教訓を与えてくれるはずである。

（敬称は略させていただきました。また証言者の年齢は、２０１７年4月現在のものです）

第1章

# 高碕達之助と周恩来
# LT貿易への道

北京訪問中の高碕達之助と会見する周恩来。1960年10月11日

## バンドンでの出会い

インドネシアのバンドン。戦後、日中国交正常化へ向けた交渉はここから始まった。首都ジャカルタから車で2時間半の高原の町。熱く喧噪《けんそう》に包まれたジャカルタに比べ、標高700メートルのこの町は、涼しく過ごしやすい。

いま、ジャカルタとバンドンの間で、高速鉄道建設が進められている。首都と国内第三の都市を結ぶ建設計画。日本と中国が激しく競った末に、2015年9月、中国案が落札された。インドネシアは、中国の経済進出の舞台となっている。

バンドンの目抜き通りに面してサボイ・ホーマン・ホテルがある。

1955（昭和30）年4月18日、このホテルの1階ロビーで、戦後はじめて日中の首脳が顔を合わせた。

高碕《たかさき》達之助と周恩来。二人はバンドンで開かれたアジア・アフリカ会議、通称バンドン会議の日中代表であった。2010年、このホテルを訪れたが、ロビーはそんな歴史的な場所にしては、こぢんまりとした印象だった。部屋はモダンに改装されていたが、流線型の独特な外観は昔のままだ。

日本が戦後はじめて参加する国際会議・バンドン会議。その首席代表に選ばれた高碕は、異色の経歴の持ち主だ。

１８８５（明治18）年、大阪・高槻の農家に生まれた高碕。水産講習所（現在の東京海洋大学）を卒業後、単身、アメリカ、メキシコに渡り、水産技師として働いた。この間、のちにアメリカ大統領となるハーバート・フーバーと親交を結ぶなどその行動力は日本人離れしている。帰国後、一代で業界最大手となる製缶会社・東洋製罐を立ち上げる。その後、満州重工業開発総裁となり、大陸に渡った高碕。敗戦時、ソビエト軍の侵攻、国共内戦という時代の激流に投げ込まれる。日本人居留民のリーダーとして引き揚げに尽力し、中国との深い関わりがうまれた。

１９４７年の帰国後、電源開発総裁となり、佐久間ダム建設を成功に導く。そして１９５４年、第一次鳩山内閣で、民間から経済審議庁長官に抜擢《ばってき》された。高碕は、このバンドン訪問と同じ年の１９５５年に衆議院議員に当選したばかりだった。起業家として知られたが、政治家としては1年生。そんな高碕を鳩山一郎首相は日本代表に起用したのだ。

なぜ、高碕に白羽の矢がたったのか——。

この時、高碕の通訳をつとめたのが岡田晃《あきら》である。上海東亜同文書院に学び、１９４２年に外務省に入省。南京大学に留学した経験があった。余談だが「爆弾男オカッパル」の異名で知られ、安全保障問題で舌鋒鋭く政府を追及した社会党の衆議院議員・岡田春夫は兄にあたる。

当時、アジア局第二課事務官だった岡田は、それまで高碕とは一面識もなかった。しかし、高碕は、周恩来との会談に備え、「外務省で中国語が一番できて、俺の通訳をできるやつを出せ」といって岡田を同行させたという。

２０１０年、東京・三田のマンションを訪ねると、岡田は車いすに乗って現れた。90代も半ば過ぎとはいえ、記憶はしっかりしていた（岡田は２０１７年2月、99歳で亡くなった）。

「そもそも日本政府はバンドン会議に参加することに賛成していなかった。その理由は、アメリカが賛成しないから。終戦後まもない日本は、アメリカの言うことを聞かなきゃならなかった。

だけど高碕さんは、日本は貿易をしなきゃ生きていけないと。商売をできる国は中国でも、どこでも、どんどん商売する。そのためにはまずバンドン会議に行って、中国やその他各国と商売の話をすることにしたいと言って、高碕さんは会議に賛成したわけです」

バンドン会議は、アジア・アフリカの非同盟諸国29ヵ国が参加した会議だ。当時、共産主義への傾斜を強めるインドネシアのスカルノ大統領が主催し、建国間もない中華人民共和国の代表も出席した。

一方アメリカは、国共内戦で国民党の蔣介石《しょうかいせき》を支援し、朝鮮戦争では毛沢東の中国と対決した。そんなアメリカにとって日本は反共の防波堤だった。その日本がバンドン会議に参加し、新生中国の首脳と接触することに、アメリカは神経をとがらせた。

会議の前、１月５日、駐日アメリカ大使館からワシントンの国務省へ送られた電報には、こう記されていた。

「アメリカが日本の参加についてどう受け止めているのか、日本は非常に気を遣っている。……日本が参加しなかった場合、アメリカが日本に圧力を与え、『日本がアメリカのいいなり』になった結果だと批判されるであろう。……日本には会議に参加させ、共産主義との闘いと自由主義陣営の強化に積極的な役割を担うよう、協議を進めるべきだ」

岡田晃

独立国となった日本に、アメリカは「会議に参加するな」と言うことはできない。そこで日本には、自由主義陣営の代弁者として行動することを求めていた。

当時、鳩山首相は、それまでの吉田茂とは異なり、自主外交を掲げ、日ソ交渉にも力を入れていた。しかし、その鳩山政権にあっても、重光葵《しげみつまもる》外相がバンドン会議への出席を見合わせたのは、アメリカへの配慮があったからだ。

高碕は、いわばピンチヒッターであったが、秘められた思いがあった。中国との関係を改善し、貿易を拡大することである。飛行機の中で冷戦の枠組みを超えた経済外交を岡田に熱っぽく語ったという。

「俺は中国ともどことでも会って、貿易できるところとはどんどん貿易する。ぜひ、商売できるところとはどんどん貿易もして、日本国民のために生きていかなきゃならんからやるんだ」

3月26日、駐日アメリカ大使館は、国務長官にあて高碕のプロフィールを次のように報告している。

「経済審議庁長官という比較的マイナーな地位だが、政権内ではそれ以上の力がある。起業家の高碕はアイディアマンとして知られ、猛烈に仕事をし、野心家で自信にあふれている。自らの任務よりも広い範囲で動く傾向がある。政治的には経験が浅い」

さらに、アメリカ中央情報局（CIA）は、高碕の起用は「日本が東南アジアとの経済協力関係を重視していることを物語っている」と分析していた。

## 極秘会談で台湾問題が

1955年4月18日、午前7時20分、サボイ・ホーマン・ホテルのロビー。開会式前の短い時間に、高碕と周恩来ははじめて相まみえた。時に高碕70歳。周57歳。周は持論の「漢字の簡略化」を高碕に提案した。通訳の岡田にとって周恩来は「はなはだ親切、丁寧、思いやりがある人」であった。話を2～3のセンテンスに切り、「このくらいまででよいですか」と念を押しつつ話を進めてくれた。

この時、中国側には岡田の幼なじみが同席していた。廖承志《りょうしょうし》、のちに高碕とともにＬＴ貿易の立役者となる人物である。廖は1908（明治41）年日本生まれ。父は辛亥革命で活躍した廖仲愷《ちゅうがい》で、孫文の右腕として活躍したが、暗殺された。横浜で育ち、早稲田大学に学んだ廖承志。べらんめえ調の日本語は岡田よりもうまかったという。

実は周恩来は、バンドン会議の3年前の1952年、廖承志を中心に「対日工作弁公室」をたちあげ、日本と民間貿易交渉を進めようとしていた。外事弁公室に日本組が組織され、廖承志を中心に孫平化《そんへいか》、王暁雲《おうぎょううん》、肖向前《しょうこうぜん》、趙安博《ちょうあんぱく》という4人の主要メンバー、「四大金剛」が集まって対日政策の検討をすすめたという。スローガンは「以民促官」、民を以て官を促すだった。

のちに周恩来の通訳として活躍する王效賢はこう証言する。

「毛沢東さんの、人民に着眼して、人民に希望を寄せ、希望を託す。こういう思想に基づいて周総理は、1953年に『民を以て官を促す』というスローガンを出しました。つまり民間が先に行って、民を以て官を促していく。これが、結局戦後の中日関係の基礎となりました」

こうした毛沢東の戦略により、1952年、高良《こうら》とみ参議院議員らを北京に招き、交渉の末、第一次日中民間貿易協定が結ばれ、バーター方式の貿易が始まっていた。周恩来も、高碕と同じく、まず民間の経済交流を進め、そこから日中国交正常化を進めようと考えていたのだ。

初対面から高碕と周の息は合った。

4月18日の話し合いで、次回は、22日と決まった。

当時、周恩来の政治秘書だった人物が上海に健在だった。姚力《ようりき》、1918年生まれの99歳。姚によれば、当初、周恩来の宿舎として華僑の別荘を大がかりに整備していたが、急遽《きゅうきょ》、別の邸宅に変えたという。

「最初の家は山の近くにあったので、敵にとっては接近しやすくて襲撃しやすい場所でした。庭も広くて、警備するのに大変不便でした。それで総理の宿泊先はやはり会場に近い市内の家の方が良いと考えたのです」

実は会議の直前の4月11日、香港からインドネシアに向かったカシミールプリンセス号が爆発し、南シナ海に不時着、乗客が溺死した。周恩来は、当初この飛行機に搭乗することになっていたが、ビルマのラングーン経由に予定を変更したため、九死に一生を得た。香港警察は「国民党に買収された中国人による犯行」としたが、台湾側は関与を否定した。

さらなるテロを警戒した中国側は周恩来の警備に細心の注意を払っていた。

4月22日の早朝。ホテルからタクシーを走らせた高碕は途中で乗り換えた。それを2～3回繰り返して新聞記者を巻いた。周恩来の宿舎はカーテンをすっかりおろしていた。中国側は周のほかに陳毅《ちんき》外交部長、廖承志、日本側は高碕と岡田、五人だけの極秘会談である。

この時、岡田が書き留めた記録は、高碕が創立した製缶会社の研究所、東洋食品研究所に残されていた。

それによると、高碕はこう切り出した。

「本日、お伺いいたしましたのは、まず、第一に戦争中、わが国はお国に対し、種々御迷惑をおかけしたことに対して、心からお詫びしたいと思ったことと、その他に二、三お願いしたいことがあって伺った訳です」

周恩来は答えた。

王效賢

「戦争中のことはもうお互いに忘れましょう。……われわれは長期的立場に立って、日中両国の友好関係を如何《いか》にして持続するかについてよく考えるべきだと思います」

高碕は個人の資格で来たと断った上で語った。

「現在日本は米国によって指導されているので、日本政府は必ずしも貴国政府の希望されるようにはいかない。そこで日本政府としては、一寸でも両国関係を改善するためにまず貿易を行いたいと思っている」

周は応じた。

「日本は米国とも中国とも仲良くやって行けることと思っています」

「中国も、日本も双方がお互いに譲りあって国交の正常化のために努力していくべきかと思います」

ここで高碕は、国交正常化に際して最もセンシティブな問題に言及する。日華平和条約を結んだ台湾の国民政府との関係だ。

「日本と国民政府は正式の条約を結んで国交を開いているのですが、この『日華平和条約』は日本だけが、一方的に廃棄することは出来ません。これが一つの大きな障害であります。何とかして、周さんのところと台湾とが一本となることは出来ませんか?」

岡田によればこの時、「ピリッとした空気が室内を圧倒した」という。

周恩来は、高碕に申し出る。

「この『一本になる』（周は『一体化』という語を用いた）という点について、さらにいま少し意見の交換を行いたいと思いますが、貴方が帰国されるまでにもう一度お目にかかれますか?」

岡田によれば、「台湾の問題は非常にデリケートだから、もういっぺん話しましょう」ということになった。

高碕と周は、25日に朝食を一緒にする約束を交わし、１時間25分の最初の会談は終わった。

## 消えた二回目の会談

しかし、二度目の会談が開かれることはなかった。なぜ中止となったのか。

日本の代表団には、高碕の目付役として、三人の外務省顧問・参与が同行していた。谷正之、太田三郎、加瀬俊一《としかず》である。重光外相の下「重光三羽烏」と呼ばれており、岡田は「御三家」と呼んでいた。この３人に会談の内容を報告した。

「今日の話はどういうことだって聞くから、こうこうこうでまた話をすることになると言ったら、外務省（谷顧問）が怒ってね。『そんなわけにはいかない。そんなものは断ってこい。高碕さんが周恩来と話すのは断ってこい』と言って……。『僕は行かない』と言ったら、高碕さんが、俺自身が断ってやると、高碕さんが行って断った」

谷は東条英機内閣の外務大臣をつとめた大物で、１９５６年にはアメリカ大使となる。

実は、谷はこの会談に先だって、ジャカルタのアメリカ大使館と連絡を取っていた。

高碕・周会談の3日前、谷がアメリカ大使館を訪れた時の記録がある。米・国務省宛ての極秘報告には次のように記されていた。

「谷は、個別的にであれ、会談の中であれ、日本が貿易問題や『政治関係の変更』の問題を持ち出すつもりはないことを確約した」

この文書を発見した大阪大学准教授の佐野方郁《まさふみ》は次のように分析する。

「アメリカ側は鳩山内閣の中国政策を非常に警戒していましたので、高碕さんと周恩来さんが会談することには警戒心を持っていた。谷外務省顧問は事前にジャカルタのアメリカ大使館を訪問することによって、アメリカ側の警戒心を解こうとしたと考えるべきだと思います」

高碕の台湾に関する発言は、谷のアメリカへの約束に反しており、アメリカ側の警戒心を招くことは明らかだった。佐野によれば、外務省はアメリカ側に相談することなく自らの判断で、二回目の高崎・周恩来会談を中止にした。会談の中止は、実際にアメリカからの圧力があったというよりも、外務省がアメリカの意向を〝忖度《そんたく》〟した結果だったというのだ。

こうして高碕の日中国交正常化への道は中絶を余儀なくされた。

## 周恩来の外交デビュー

バンドンでの周恩来の外交は、アジア・アフリカ諸国の眼を引きつけた。

前年の１９５４年、周恩来はジュネーブ会議で平和五原則を発表し、外交デビューを飾っていた。

バンドンでも、その演説は喝采を浴び、中国外交を印象づけた。

「私たちは争うためにバンドンに集まったわけではない。政治制度の違いを乗りこえて、共存しようではありませんか」

会議では反植民地主義や平和共存など「平和十原則」が打ち出された。

周はさらに、台湾を含む東アジアの緊張緩和のためアメリカと協議をおこなう準備があると声明。これをきっかけに、アメリカと中国は大使級協議を開催し、捕虜の返還などがおこなわれた。

周恩来の活躍ぶりは、バンドンのアジア・アフリカ会議博物館でみることができる。サボイ・ホーマン・ホテルから歩いてすぐのところに白亜の西洋建築がある。１９４０年にオランダが建設し、日本の軍政時代は大東亜会館と称していた。この建物がバンドン会議の議場となった。いまは博物館となり、参加した29ヵ国の国旗が並び、会議を主催したスカルノ大統領の功績が蠟人形や写真で展示されている。オランダとの独立戦争に勝利して６年、非同盟諸国の雄となったスカルノ、インドのネルー首相、エジプトのナセルら植民地支配から独立を勝ち取った指導者たちの写真のなかで、ひときわ目を引くのが周恩来である。

周恩来の華々しい活躍に比べて、かつてインドネシアを占領した日本の影は薄かった。高碕は意図して目立たないようにしていた。ＮＨＫのインタビューで次のように答えている。「我々の過去の侵略が災いをして、『日本は経済提携なんて言っているけど、また侵略をやるだろう』、これはよほど、我々は考え、注意しなきゃならん。もう本当そんな気持ちがなくても相手方にそういう気持ちがある」（「アジア・アフリカ会議から帰って」１９５５年4月27日）

太平洋戦争が終わって10年、アジア太平洋の人々にはなお、日本の侵略の記憶が色濃く残されていた。会議の終わりで高碕は次のように演説した。

「残念なことですが、先の第二次世界大戦では、日本が近隣諸国に被害をもたらし、しかしまた自分自身にも禍《わざわ》いをもたらしたことに言及しなければなりません。しかし今日日本は平和のために全身全霊を捧げる国家になりました。原子爆弾の破壊力を経験した国民として、我々は暴力によって世界の問題を解決することを放棄しました」

こう語ると、高碕は世界平和の維持を提言した。しかし、この提案はほとんど関心を引かなかった。

周恩来の警備に当たっていた姚力によれば、高碕の演説に、周は「とても素晴らしいお考えだ」と深い理解を示したという。

「この提案がもし他の国の代表からなされたものであったら、周恩来総理としては特別に感じ入ることはなかったかもしれませんが、高碕氏からなされたものであったので、特別な意味があると受け止めました。当時、多くの国々は日本人に対してあまり良い印象を持っていませんでした。戦前の日本は帝国主義を標榜する国でしたが、戦後、日本はアメリカに占領されており、そうした状況下で（会議に）出席してきた日本に対し、特別な関心を持っていたようです。日本からそのような提案が出されたことに、大変ありがたいと考えたと思います」

高碕はまた、カメラや腕時計などをアジア・アフリカの高官にプレゼントし、日本の技術力もアピールしていた。特にエジプトのナセルと親交を結び、実現には至らなかったものの、アスワンハイダムの建設プロジェクトへの参加を交渉していく。

## 日中関係改善の兆し

バンドンで日中代表の会談は中絶したが、外務省の岡田晃は、帰国後、国交正常化への布石を打とうと動いた。中国に残留する日本人の引き揚げをジュネーブの総領事を通じて進めていく。

成蹊大学教授の井上正也によれば、１９５５年９月、外務省のアジア局第二課は、独自の対中政策案をまとめていた。「当面の対中共政策案」である。極秘で10部だけ作られた対中政策案にはつぎのように記されていた。

「中共はいづれ近い将来、国連に『加入』し、わが国も中共を中国本土の正式政府として承認し、これとの間に正常の国交関係をもつ」ことになる。

当時、外務省の条約課にいた中江要介に見てもらった。

「アジア二課はやっぱり張り切っていたんですね。いよいよ中国との関係を正常化しなきゃならなくなってきたという、いい意味での危機感を持っていたんでしょう。外務省の首脳部に、中共政策をきちんと頭に入れてもらおうと思って書いたんでしょう」

外務省は、対米外交が中軸であったが、中国を担当するアジア局第二課は国交正常化を視野に入れ始めていた。現実には米中は台湾海峡で緊張状態にあったが、1955年9月には米中の大使館協議が始まっていた。アジア局第二課はこれを米中和解への兆しと捉えたのだ。

岡田晃は「当面の対中共政策案」を書いた意図をこう語る。

「中国とアメリカとの関係がどんどん改善しつつあるのが分かったから、日本も負けておれない。日本もアメリカより先に中国との関係を改善すべきだ」

しかし、外務省の幹部は「アメリカの中国政策はそんな具合には動かない」と認めなかった。それでも岡田は「やがてアメリカが変わってきたら、外務省の首脳もこれを認めざるを得ないだろう。やがて外務省が変わってくる」と思っていたという。

バンドン会議の翌1956年、鳩山内閣を引き継いだ石橋湛山《たんざん》は、自主外交を掲げ、中国との貿易拡大を唱えた。

石橋は、戦前、東洋経済新報でリベラルな言論を展開していたジャーナリストだった。日本が中国大陸に進出していく時代に「小日本主義」を唱え、大正時代には旧満州や朝鮮など植民地の放棄を訴えていた。貿易立国が戦前からの持論だった石橋は、首相就任前、ＮＨＫのインタビューでこう訴えている。

「結局、日本が中共（中国）との貿易をある程度進めるということは、東洋の安定をもたらすゆえんであるし、日本のためばかりでない。世界平和全体のために非常に必要なことだと思うから、アメリカの政策もそれにマッチするようにしてくれないと。アメリカの言うことばかり日本に押しつけてくるようなことをされても困る」

しかし、石橋は脳梗塞で倒れ、わずか65日で退陣する。鳩山、石橋政権下、民間交流が進んでいた日中関係だが、岸信介《のぶすけ》が総理の座に就くと急速に悪化していく。

## 天安門広場100万人集会

岸信介。戦前、満州国の経済官僚として敏腕を振るい、太平洋戦争開戦時、商工大臣をつとめた。戦後、Ａ級戦犯容疑者として巣鴨プリズンに収監された岸は、すでに獄中で、冷戦が日本再興の好機であることを見通していた。

１９４８（昭和23）年12月に釈放され、政界に復帰した岸は、それから９年後の１９５７

年、首相の座に登り詰める。岸首相は、東南アジア諸国を積極的に歴訪し、インドネシア賠償協定をまとめる。しかし、反共政策を掲げる岸に、中国は態度を硬化させていく。

1958年5月、長崎市のデパートで開かれていた「中国切手・剪紙《せんし》展示会」で、右翼団体の青年が中国の国旗（五星紅旗《ごせいこうき》）を引きずり降ろすという事件が起こる。日本政府が、五星紅旗は国旗にはあたらないとして青年を不問にすると、中国は激しく反発。中国近海で操業していた日本漁船が相次いで中国艦艇に拿捕《だほ》され、進行中の商談交渉は次々と中断。文化交流やスポーツ交流もキャンセルされた。

1960年1月、岸はアメリカを訪問し、ドワイト・アイゼンハワー大統領との間で日米安保条約の改定に乗り出した。

これに対し中国は批判を強めていく。5月9日、北京の天安門広場では、日米安保に反対する100万人集会が開かれた。赤旗がなびき人々は叫んだ。

「日本軍国主義復活反対！」

「打倒アメリカ帝国主義！」

集会を取材し記事を書いた、当時・新華社国際部デスクの呉学文《ごがくぶん》は語る。

「会場の雰囲気は非常に高ぶっていました。まさに紅旗はためくといった感じでした。

アメリカは1950年代から60年代に中国を政治的に孤立させ、経済的に封鎖し、国際世論において中国のイメージを歪曲しようとしました。そのため、米中の敵対関係は非常に強烈なものでした。日本人民も当時アメリカ帝国主義に反対しており、共同してアメリカ帝国主義に反対するという気持ちは理解できるものでした」

その前年の3月、中国を訪問した社会党書記長の浅沼稲次郎《あさぬまいねじろう》は「アメリカ帝国主義は中日人民共通の敵」と述べ、注目を集めていた。浅沼発言を中国は反米闘争に最大限利用した。

１９６０年５月の天安門の１００万人集会の後も、日米安保反対の渦は、中国全土に広がっていった。

日本では5月19日、岸内閣が国会に警官隊を導入して新安保条約を強行採決すると、安保闘争は一気に拡大し、岸内閣打倒をめざす大衆運動となる。

６月23日、デモ隊が国会を取り巻くなかで岸首相は退陣を表明した。

## パイプをつないだ石橋湛山・松村謙三

岸政権のもと日中関係がもっとも冷えこんだ時代に、中国とのパイプをつないだのが、先述した石橋湛山と松村謙三である。

石橋は首相退陣後の１９５９年、病身をおして訪中を決意する。自民党主流派が「安保改定に水を差す」として警戒し、右翼は国賊と非難。警官に囲まれた中での出発だった。石橋の孫・省三《しょうぞう》（67歳）はこう振り返る。

「私はまだ10歳で、あまりにも騒然としているので圧倒されました」

出発に当たった記者会見で石橋は、脳梗塞の影響でたどたどしいが、熱のこもった口調で語っていた。

「世界を動かすに足る大いなる仕事であります。しかし、それだけに、一度や二度の訪問で片付くような簡単な問題ではありません。今後一層のご支援を得たく、ここにご挨拶申し上げます」（NHKニュース　1959年9月7日）

1959年9月、北京を訪問した石橋は12、13、14日の三回にわたって、国務院外事弁公室副主任となっていた廖承志と予備会談を行った。中国で公開された外交文書によれば、廖は、岸信介の反中国の言動を激しく非難している。石橋は「岸内閣は間もなく退陣するから、ほうっておけばいい」と言いつつ、困惑を隠せなかった。

この時、中国側の通訳を務めたのは、林麗韞《りんれいうん》である。

林は1933年、台湾に生まれた。神戸で小中高生時代を過ごし、1952年に中国に帰国、北京大学に学ぶという数奇な経歴を持っている。1953年からは共産党中央対外連絡部につとめていた。林には、困惑した石橋の姿が印象に残っている。

「石橋先生は、あの時、泥をかぶってでも改善するきっかけを見つけるために、ぜひ話し合いたいという覚悟で来られた。だから中国側もその先生の気持ちを受け止めてお迎えしたのですけれど、話し合いの中では石橋先生は、現役の首相・岸信介を前首相が中国の政治家の前で（中国側と）同じように批判するわけにはいかないから、困っていたようです」

9月14日午前9時からの第三回会談では、廖承志は、岸信介の安保改定を批判する。

「この問題は、条約改定という簡単な問題ではなく、岸信介が、アメリカと共に新たに我々の軍事同盟に矛先を向ける問題だから、許しがたい」

石橋はこう答えている。

「アメリカも同様に共産主義陣営に対して不安だと言っております。みんなが……疑心暗鬼になることは、思わしくないのではないか」

北京到着時の石橋湛山夫妻、右は廖承志

「我々の希望は、日中両国が双方から、徐々に『冷戦の氷塊』を解凍していくことにあります」
この時、石橋は冷戦を超えていく独自の平和構想を抱いていた。
「日中米ソ平和同盟」である。
16、17日と二回にわたって周恩来と会談した石橋は、この構想を伝えた。
林は、病身でありながら交渉に臨む石橋に強い印象を受けた。

「ちょっと失礼ですが、食事の時に、脳軟化症でしょ、食べ物が少しこぼれるんですよ。宴会の時、私たちはちゃんとエプロンをかけてあげた。そういう病体をおしてまで来られたということで、中国側の周総理も廖承志先生も毛主席も、こういう心持ちでこられているお方だということで、友好的に接待したんです」

9月20日、石橋と周恩来は、「両国民が手を携えて、極東と世界の平和に貢献すべきである」との共同声明を交わした。石橋は、その後、中国に続いて、ソビエトを訪問し、「日中米ソ平和同盟」の実現に執念を燃やし続けていく。

石橋の訪中から1ヵ月後、1959年10月19日、自民党の衆議院議員、松村謙三が北京を訪れた。松村は富山県出身、戦前は立憲民政党の議員として活躍した。戦後、戦争を阻止できなかったことへの反省から、日中国交正常化に尽力していた。

この時、通訳を務めたのが、劉徳有《りゅうとくゆう》、85歳である。1931年、日本統治下の大連に生まれ、大連霞国民学校に学んだ劉は、綺麗な日本語を話す。当時、中国外文出版局に籍を置いていた。

劉が特に印象に残っているのが、北京から密雲《みつうん》ダムに向かう特別列車での車中会談だった。松村、周恩来、廖承志、そして劉、四人だけの会談。松村自身も回顧しているが、ここでは劉の証言によって再現してみよう。周恩来がこう切り出したという。

「かつて日本に村田省蔵《しょうぞう》という方がおられた。中日両国の関係改善のために、努力をされた方である。この人は非常に立派で、そして言ったことは必ず実行する、そういう方でした。

村田先生は自分の主張はあくまでも堅持しました。同時に中国側の主張も聞いてくれた。もしまだご健在なら、両国の関係は今日のようにはなっていなかったでしょう。大変惜しいです。もう亡くなられました」

村田省蔵は、戦前、大阪商船（現商船三井）社長から逓信・鉄道大臣を務め、戦後は、日比賠償交渉に尽力。１９５５年、周恩来と会談して第三次日中民間貿易協定に調印したが、１９５７年に亡くなっていた。

松村はこう切り返した。

林麗韞

「私も村田先生をよく存じ上げております。日本には村田先生のような人がもういないというわけではありません。それを受け継ぐような人がおります」

「どなたですか」

周恩来は、ちょっと身を乗り出して聞いた。

「高碕達之助君です。高碕君はバンドン会議の時、あなたと会っているはずです。高碕君は経済関係の専門家。かつての満州時代について、大変深い理解を持っております。

村田省蔵の事業を受け継ぐことが出来ると考えます」

周恩来は、バンドン会議での約束を高碕が実現できなかったと語ったが、松村はこう擁護した。

「高碕君は約束を実現できなかったけれども、それは高碕君の罪ではありません。これは日本の政治がそうさせたのです。その後、出来た日本の内閣が、周総理に約束したことを実現できないようにしました」

1958（昭和33）年6月、第二次岸内閣で通産大臣に就任した高碕達之助は、中国にとって必ずしも信頼できる相手ではなかった。日中関係が事実上の断絶状態になると、中国から原料を仕入れていた日本の企業、とりわけ漆や鉄鉱を扱う中小企業は窮地に陥った。各地から貿易再開を求める陳情が繰り返され、高碕は、周恩来に書簡を送り、漆の輸出再開を求めようとしたが、岸政権下では実現できなかった。1959年6月に大臣を退いて自由となった高碕は、周恩来に訪中を願う書簡を送っていた。

松村が周恩来に促した。

「決して間違いはありません。高碕君をぜひ呼んでください」

こうして、松村が北京を離れる時に、廖承志直筆の高碕への招待状が託された。周恩来は「明年春暖開花の候」に高碕訪中を歓迎すると伝えた。

松村の訪中は、石橋のような共同声明もなく、農業協力など経済に重点を置いた交渉であった。しかし、劉徳有によれば、高碕訪中、そしてLT貿易への道を切り開いたという意味で、松村訪中は大きな意義があったという。

## 高碕達之助、中国へ

1960（昭和35）年7月、池田勇人《はやと》内閣が誕生すると、日中関係は改善に向け動き始める。池田内閣は「国民所得倍増計画」を掲げ、日本は安保闘争の政治の季節から、高度経済成長の時代を迎えようとしていた。

池田首相は政経分離で、まず経済から日中関係を積み上げていこうとする。

10月7日、高碕は、一政治家として中国へ旅立った。バンドン会議から5年の歳月が流れていた。

出発前、高碕はNHKニュースでこう語った。

「時間がある限り、周総理と会いたい。バンドン会議の精神によって、両国の産業・工業について、意見を交換したいと思っている。貿易の再開についても、私も話をしたい。池田総理にも個人的な訪問だと言われたので、政府とは関係ない自由な立場で話をしてくる」

高碕の訪中団は14人。鉄鋼、機械、紡績など実務家によって編成され、貿易再開や漁業協定締結などをめざしていた。

10月11日、北京の人民大会堂で歓迎の宴が開かれた。通訳の劉徳有には、周恩来と高碕の挨拶で忘れられない言葉がある。まず周がこう発言した。

「戦後15年来、中日両関係は不自然な状態におかれてきました。しかし、この責任は中国側にあるのではありません。中日両国人民は、お互いに仲良くしたい、そういう気持ちを両国民が持っています」

高碕はこう答えたという。

「周総理は先ほど両国の不正常な状態、この責任は中国側にないというふうに言われた。私はまったく同感です。しかし、私は日本人民を代表してこう言いたい。それは日本人民の責任でもありません」

通訳の劉は「それじゃその責任は一体どこにあるのか」とちょっと意外に思ったという。

高碕は続けた。

「私は周総理と腹を割ってお話ししたいところです。今度来た代表団のものは皆、日中関係の上の暗雲を払いのけよう、そういう気持ちを持っています。私は余生を日中友好のために尽くしたいと思う」

翌10月12日、周恩来の官邸、西華庁で午前10時半から始まった第一回会談は、議論が白熱し、昼食をぬいて4時間に及んだ。この時の記録が、外務省の情報公開で開示された。

冒頭、高碕は日米関係について理解を求めた。

「敗戦から現在に至るまで、アメリカの日本に対する政策は想像のほか寛大であって、……

これにより多数の日本人はアメリカのこの寛大な政策に対し、感謝しているのであります。ところが他面戦後において、当然一致すべきものと思われたアメリカと中国が激しく対立しているという現実に直面しているところに日本人の現在の苦悩があるのであります」

周恩来は応えた。

「われわれの主張は決して日本をしてアメリカを敵視せよというようなことではありません。……われわれの希望は、日本が中ソとも、米国とも友好関係になるということであります。……どうして日本はアメリカに追随して行くのですか。アジア・アフリカの大多数の国と一緒に行動をとれないのですか。日本の利益は日本人民みずからが決めるべきであり、それによってはじめて日本の独立が完成せられるものであります」

劉徳有

通訳の劉徳有には、歯に衣着せず直言する高碕の姿が記憶に残っている。

「高碕先生は、お国の政治制度、つまり共産主義に私は賛同しません、そう言いました。私は引き続き、資本主義をやっていきますと。アメリカが寛大な措置を取って日本を援助した。それではじめて日本人は今のような生活ができるようになった。日本人はアメリカに感謝している。だからアメリカを敵視するわけにはいかない。こういうふうに言いました。この見方には私も、周総理も賛同できません。そういう賛同できないようなことをズケズケと自分の考えをそのまま言われた」

結局、第一回会談で議論は平行線をたどり、結論は得られなかった。

## 満州の大地で

高碕はバンドン会議で出会った時、周恩来からある誘いを受けていた。かつて、満州重工業開発の総裁として産業開発に取り組んだ旧満州を訪ねることである。第一回の会談後、ようやくその約束が実現することになった。10月14日から、高碕は特別列車でハルビン、長春、瀋陽、鞍山の産業施設を視察する。

旧満州・中国東北部——日露戦争後、大陸に進出を図る日本。その生命線と呼ばれた地である。

1931（昭和6）年9月18日、日本の関東軍は南満州鉄道を自ら爆破し、これを中国側の仕業として中国東北部を占領した。満州事変である。翌32年、清朝最後の皇帝・溥儀を執政とする満州国が建国された。岸信介ら経済官僚は上からの工業化を推し進め、鮎川義介《あいかわよしすけ》の日産コンツェルンら新興財閥も満州に進出していく。製缶会社・東洋製罐を立ち上げた高碕は、鮎川の依頼で鉄の生産を手伝ったことから、満州重工業開発の副総裁となり、大陸に渡った。

赴任する前、高碕は、「満州は王道楽土である。五族協和、そこには資本主義経済の搾取もなく、そこに居住する人々は、人種も民族も超越して、平和を楽しみ、業に安んじている国である」と聞かされていた。しかし現地でその認識は変わった。製鉄所や炭坑の労働者は劣悪な環境で労働を強いられ、日本人幹部による給与のピンハネが横行していたのだ。

高碕は現地の人々を夜、自宅に招き、日本人重役の前では決して口にしない不平に耳を傾けた。高碕は冷厳な現実を突きつけられた。

「そこには王道も、楽土もなかつた。あつたのは、力を以てする支配、たゞそれだけであつた。……私は義憤を感じた」（高碕達之助『満州の終焉』）

１９４５（昭和20）年8月9日、ソビエト軍が日ソ中立条約を破り、侵攻。関東軍は日本の開拓移民を残したまま退却した。高碕は居留民の疎開に全力を挙げ、8月13日、極度の疲労で倒れた。嗜眠《しみん》性脳炎という眠り続ける病気だった。意識をとりもどしたのは8月17日、敗戦の2日後だった。すでに大日本帝国は崩壊し、18日、皇帝溥儀は避難先の吉林省・大栗子《だいりつし》で退位した。

その後、高碕は東北地方日本人救済総会の会長として、ソビエト軍、そして中国共産党や国民政府と帰還交渉に奔走する。満州国の首都だった新京（現在の長春）には多くの避難民が逃れてきていた。高碕はラジオのインタビューでこう振り返っている。
「各地方から女の人たちが一人二人の子供を連れて歩いてくる。持てるものだけ持って、子供には晴れ着を着せている。どうせ持ってくるなら、一番いい着物を着せてやろうという、それがよれよれの着物になっているその惨めな格好はね……。我々が一番頼りにしていた軍司令官はじめ軍人は一人もいない」（ＮＨＫラジオ　１９６３年）

ソビエト軍による略奪、暴行が相次いだ。学校などに収容された人びとに伝染病が蔓延《まんえん》した。高碕はそんな惨状をなんとか伝えようと満州重工業開発の社員を「決死隊」として故国に送った。朝鮮経由、大連経由、二隊に分かれ、密航船で海を渡ったのである。

兵庫県・宝塚市の高碕の旧宅、高碕記念館に、この時、鮎川義介に宛てた密書が残されている。決死隊は、ソビエト軍と共産党軍がひしめくなかを行くため、見つからないように密書を紙縒《こよ》りにして服に縫い付けていた。２００８年に放送した「ＮＨＫスペシャル　引き揚げはこうして実現した～旧満州・葫蘆《ころ》島への道～」で撮影したが、米粒半分ほどの小さな字でびっしりと記されていて、胸に迫るものがあった。

「避難民約５万人ハ、着ノミ着ノママニシテ、……只餓死ト凍死ヲ待チツツアル悲惨ノ状態ニアリ」「一途ニ祖国ヨリノ救援、輸送船ヲ待望シツツアリ」

この密書は外務省に届いたが、敗戦国である日本には外交権もなく、対処する術はなかった。

その後、高碕は国民党軍と交渉し、産業復興に協力。ようやく、帰国できたのは1947年11月のことである。この過酷な体験は、高碕に厳しい反省を迫った。

「今にして考えれば、日本が純粋に産業的立場において、中国の主権を飽《あ》く迄《まで》尊重し、中国の善意の了解を得、両者協力して、この宝庫の開発に進んでいたならば、そこには輝かしい未来が約束されていたに違いない。しかるに、日本は中国の同意を得ることなく、武力による強圧侵入を敢《あえ》てした。ここに取返しのつかない過ちがあった。

古来、経済的提携に相手方の意向を尊重せず、善意の同意を得ずして、武力を用い、或《ある》いは金力を用いて、自己の主張を強要した場合は、たとえ一時的に成功をみても、結局いずれの時にか必ず敗れる。自己の主張を武力を以て通した者はその武力を以て、金力を以て無理したものは、その金力を以て敗れること必常《ママ》である。

今にして思えば、日本が武力を以て侵入した満州から、再び武力を以て追放されたのは、まさにこの道を歩んだ者の当然の報いともいうべきものであった」（高碕達之助　同前）

高碕は満州事変以後の日本の大陸進出を反省し、中国と新たな経済関係を築くことに残された人生を賭けていた。

満州国時代の産業施設を精力的に視察した高碕は、同時に、撫順《ぶじゅん》の戦犯管理所を訪れている。ここで収監されていた旧知の古海忠之《ふるみただゆき》元満州国総務次長に面会して、トランジスターラジオを贈っている。古海は1963年に釈放され、帰国することになる。

10月22日、北京に戻った高碕は、翌日、周恩来の自宅に招かれた。周は東北での工業建設について批評を求めた。高碕は「一糸乱れないで工業統制を実現されている事は大成功である」としながら、経済的、技術的な意見を率直に述べた。

「まず第一に長春のトラック工場であるが、年産三万台のトラックが総てガソリンエンジンで設計されているが、中国は油は輸入品である。ガソリンは不足している。

何故に経済的なヂ《ママ》ーゼルエンジンを作らないのか。

第二に鞍山の製鉄所では銑鉄生産は理想的であるが製鋼特に薄板の製造は到底規格品を作るだけの技術に到達していない。……

第三に紡績工場を除き、どの工場も日本の同一工場に比して約倍の人員を使用している。

……」（高碕達之助『訪中記』）

通訳の劉徳有は、高碕から「子供の目が輝いている」と言われたことが嬉しく、周恩来も喜んだという。

「自分の考えていることを隠さずにありのままいろいろ話してくれて、しかも経済に明るい方が、経済的、技術的に中国にとって大変役に立つ意見を出されたことに、非常に感謝しておりました」

## 日米安保は「カサブタ」？

東北（旧満州）視察では感謝された高碕だが、翌10月23日の第二回会談では、議論は平行線のままだった。周恩来が「米帝国主義」は中国の敵であるとすると、高碕は、日米安保は「防衛的」であると答えた。

高碕が視察した工場では、責任者から「米帝国主義とこれに追随する日本の少数の反動的指導者」という決まり文句がでて、日米安保批判が繰り返された。高碕から見れば、「戦時下東条内閣時代の日本の空気と全く同様」の姿だった。中国の日米安保批判に一言申し述べようとした高碕。外交記録によれば、彼らしい独自の表現で発言している。

「率直に言って、中国があまりに日本のいろいろの出来事に対して、神経質過ぎるというようなことを指摘せざるを得ないのであります。……安全保障条約の改定問題に関しましては、……これは日本がアメリカとの戦さに破れて大きな傷を負い、無条件降伏をした結果、派生的に生まれたものであります。すなわち大きな傷をした結果、その傷口を守るために自然に生まれたカサブタのようなものであります。しかしこれは自身の体力が回復するに従って、次第になくなるものであります」

日米安保は敗戦でできた「カサブタ」で、いずれ消えるという高碕。周恩来の返答は厳しかった。

「しかしながら、われわれの見るところでは、このカサブタは大きくて、化膿しており、黴《ばい》菌《きん》をいっぱい含んでいるものと思います。それは決して自然に落ちるような生やさしいカサブタではありません」

通訳の劉徳有によれば、こうした場での周恩来の発言は「ある意味で芸術」だったという。

「原則的な問題は、決して譲らない。ただ、それをどう表明するか。はっきり物を言うけれども、相手にちゃんと聞き入れてもらう。賛成されなくても、すぐかっとなるとか、感情的になるとか、そういうことはない」

結局、第二回会談でも目立った進展はなく、今後、長期の貿易協定について意見を交わすことになった。帰国後、高碕は記者会見でこう語った。

「日中国交正常化は、中国人も日本人も希望しているが、何が阻害しているかと考えた結果、われわれ日本人が想像していないようなことを中国側が想像し、中国側は日本人がどう考えているか分からんと思う。私は、両国の人事が交流して、お互いの、相手方の考えをよく考慮して話し合うことにつきると思う。手ぬるいと思われるようだが、それが第一歩と信じている」（ＮＨＫニュース　１９６０年10月30日）

一方、中国外交部は高碕訪中をどのように捉えていたのか。熊本学園大学の大澤武司《たけし》准教授は、中国外交部档案館《とうあんかん》（公文書館）で当時の資料を新たに入手した。それによると、高碕は、「バンドン精神を基礎として日中関係を打開したいと述べているので、我々は彼を池田や岸とは区別し、自民党内の『有識之士』として取り扱う」とされていた（『外交通報』第75期　１９６０年12月３日）。

大澤准教授によれば、その背景には、毛沢東の冷徹な戦略が秘められていた。

１９６１年7月14日の『外交通報』第63期によれば、毛沢東は次のように指示していた。「（周）総理も、宇都宮や石橋、高碕など反主流派の友好的な言動を捉え、共通点を利用して、日本政府内部の分断を深めるよう」

１９５９年頃から、自民党の反岸・反主流派を中心に「親中国」のグループが生まれていた。石橋、松村、高碕、そして宇都宮徳馬《うつのみやとくま》らである。宇都宮はアジア・アフリカ問題研究会を結成し、軍縮を進めた異色の政治家である。大澤は「中国外交部は日本政治を冷静に分析しており、自民党の分断を図る狙いもあった」と指摘する。

## 天馬、空を行く

高碕は、中国との関係改善を進める一方、アメリカの理解を取り付けようとした。

成蹊大学教授の井上正也は東洋食品研究所に残る「高碕達之助文書」からその対米工作を明らかにし、次のように指摘している。

「戦後日中関係に関わった政治家や財界人の多くが、『対米自主』を志向していたことに比べて、高碕は対米関係を重視し、日中関係を進展させるためには米国の理解を得る必要があると一貫して主張し続けた」（井上正也「高碕達之助の対米工作と日中関係」）

アメリカは、若き日、高碕が水産技師として働いた第二の故郷でもあり、フーバー大統領をはじめ多くの知己を持っていた。独自の人脈を生かし、米中の仲介者としての役割を果たそうとしたところに高碕の独自性がある。

1959年4月、渡米した高碕は、後に大統領となるジョン・F・ケネディや民主党下院議員ジョン・マコーミックに面会する。マコーミックは下院院内総務をつとめた実力者で、日本製のマグロ缶詰への関税引き下げにその助力を得てから、高碕は知遇を得た。

4月22日、マコーミックは外交問題に通じた政治家を招き、意見交換の食事会を催してくれた。高碕は自らの中国観を訴えた。

「隣国中国を、日本は過去三十年間侵略し圧迫した。……しかも戦争が終って、フイリッピ《ママ》ン、ビルマ、インドネシアなど他のアジア諸国には賠償を支払ったが、一番迷惑をかけた中国には一文の賠償も払っていない。……幸い日本は敗戦国でありながら、アメリカの援助によって復興し、国民生活も向上してきた。しかるに中国の人民は建設途上にあって非常に苦しんでいる。食糧も足りない。これをかつての加害者であり隣国である日本が放っておけるだろうか。私は老い先短いが、生きてる間に罪ほろぼしをしたい。アメリカも、この考え方を理解して欲しい」（『高碕達之助集』下）

しかし、アメリカの共産主義への警戒感をぬぐい去ることはできなかった。高碕はマコーミックにこう忠言されたという。

「アメリカもソ連や中共を地上から消そうとは思わない。ただ共産主義がわれわれの自由と平和を脅かすのを許すわけにはいかないのだ。きみもその年令《ママ》になってアカ（共産主義者）にならんように気をつけろ」（同前）

１９６１年１月、ケネディが43歳の若さでアメリカ大統領になる。高碕のもとに、マコーミックから就任式の招待状が届き、再び訪米する。

この時、高碕が同行させたのが、同じ河野派の国会議員だった中曽根康弘元首相だった。98歳のいまも高碕の記憶は鮮明に残っている。

渡米する高碕達之助と中曽根康弘

「高碕さんは、うまくアメリカと中国を提携させせよう、仲良くさせようと。それをやるのは日本だ、その中の俺だ、そう高碕さんは思って責任感をもってやっておった。アメリカへ渡っても中国はこんな国だ、米中関係を仲良くしなきゃ駄目だと話していました。非常にスケールの大きい方でしたね」

　中曽根は、出発に当たって高碕から「俺の後継者としてアメリカの友人に紹介するから、この遺産を全部相続しなさい」と言われたという（中曽根康弘『政治と人生』）。

　しかし、マコーミックらは新政権発足で多忙を極めていた。高碕には限られた時間しかなく、中曽根を紹介するのが精一杯だった。それでも、高碕は自らの考えを「中共への旅 My Journey to Communist China」という9ページの文書にまとめ、マコーミックを通じてアメリカの政治家たちに渡して帰国した。

　そして、同じ年の3月、再び渡米する中曽根に、中国・台湾政策についてアメリカ側の反応を聞き出すよう依頼している。

　しかし、中曽根によれば、その反応は冷ややかだった。

「中国との関係をどうするか、アメリカ人と話しても、その頃は中国本土については関心がない。大体、あの当時アメリカは対ソ戦略を非常に重要視しておった。ですから、まずソ連をどうするかが第一。中国は今の政権がどう変わっていくか、今のままでいるはずがない。共産主義はいつまで持つかと。中国の歴史や中国の人民の社会や性格から見ると、共産主義政権はそんなに長く続くもんじゃない。アメリカ人はそう見ておったからね」

　アメリカは、中国との貿易を進めようとする高碕の動きを警戒していた。高碕の訪米の直前の1961年1月10日、駐日大使のダグラス・マッカーサー2世は、国務省に次のように打電していた。

「高碕をよく知る者によれば、彼はオポチュニストで、中国やソビエトから帰国後の報告は客観的でなく、自己の利益、河野派の目的のみを優先しているという。……

アメリカで高碕と会う予定のリーダーたちに、この情報を与え、高碕との協議は控えめにし、公式なレベルに限定するようアドバイスすること」

高碕も、ケネディ政権に中国政策の転換を期待できないことは認識していた。元老西園寺《さいおんじ》公望《きんもち》の孫で、当時、北京で暮らし民間外交に尽力していた西園寺公一《きんかず》に、書簡で次のように報告している。

「ケネディ政府は最初の予測と異なりアイク（アイゼンハワー）政府よりも対中共政策はもっとシビヤーの政策をとるだろう」

翌1962年10月、ケネディ政権は、核戦争一歩手前のキューバ危機に直面する。日中国交正常化をアメリカの理解を得て進めるという高碕の構想。それが実現できると考えた者は、ほとんどいなかった。冷戦という風車に挑むドン・キホーテのように見えたかもしれない。

中曽根はそんな高碕を「天馬《てんま》、空《くう》を行く」と評する。

「娑婆《しゃば》の人気やら、いろいろな考え方とか、思惑とか、そういうものはせせら笑って、相手にしていなかったね。一生懸命我が道を行く、そういう方でした」

周恩来を日本へ

同じ頃、日本の商社や鉄鋼業界からも日中の貿易拡大を望む声は高まっていた。こうしたなか、全日空社長の岡崎嘉平太《かへいた》は、企業グループが政府承認の下、延べ払い方式で輸出する構想を打ち出す。それまでの友好貿易では、単年度決済によるバーター取引だったので、取引額に限界があった。岡崎構想は、大型機械やプラントの輸出など大きな取引が期待され、政府案として採用された。

これを受け、松村謙三が1962年9月訪中し、周恩来と会談した。周は政経不可分を主張したものの、岡崎案を諒承した。

中国の態度が柔軟になった背景には国内の危機があった。毛沢東が進めた「大躍進政策」が失敗。餓死者2000万人以上といわれる未曽有の飢饉に直面したのだ。さらにソビエトとの関係が悪化し、技術支援も途絶えてしまう。周恩来には、この危機を乗り越える道は、日本の経済協力しかなかった。

岡崎、松村による地ならしがなされた後、1962年10月26日、高碕は再び訪中する。中曽根康弘によれば、LT貿易の実現では、松村と高碕、二人の連携が功を奏していた。

「松村さんはどちらかと言うと、政治性が強い。高碕さんは経済的な問題で固めていく。まず松村さんが先行して、高碕さんがまとめていく」

ただ、高碕には、バンドン会議での台湾に関する発言のように、スタンドプレーが見られた。これを心配した池田首相や外務省は、高碕ではなく岡崎の訪中を望んだ。しかし、松村が高碕を強く支持したため、岡崎は副団長として同行することになった。

北京での交渉は順調に進み、11月9日、高碕と廖承志は「日中総合貿易に関する覚書」に調印した。戦後はじめての貿易協定は、二人の頭文字を取って、「ＬＴ貿易」と名づけられた。

松村謙三と周恩来

「平等互恵の基礎の上に漸進的積み重ね方式をとり、両国間の民間貿易をより一層に発展させる」

国交がないなか、互いに事務所を設置し、政府の保証のもと、半官半民の貿易が始まる。

最後の晩餐で、通訳の劉徳有には、高碕のスピーチが強く印象に残っている。次のように語り出したという。

「日中貿易の機関車が動き出しました。しかし、この機関車を動かすには、素晴らしい機関士が必要です。いい機関士の運転がなければ、方向を間違えるでしょう。方向を間違えると、衝突するか脱線する。

では、正しい方向とは何であるか。それは周総理が言われた、平等互恵です。相互に信頼しあう。これは機関士にとって最も重要な方向でありま す」

劉によれば、高碕は興奮したのか、スピーチを終えると間違えて通訳の席に座った。仕方なく、劉が高碕の席に着くと、周恩来はめざとく見つけ、席を変えさせた。

高碕のスピーチは、周恩来を感心させたという。

「こういう経済とか政治の話は、おもしろくないのが多い。硬い。しかし、非常に柔らかく、分かりやすく、すっと入るような例えをされる、これは素晴らしい」

この後、高碕は真剣な面持ちで述べた。

「私たちは周総理を日本にお迎えしたいと思います。可能性はありますか」

劉はびっくりして、この難しい質問に周恩来がどう答えるか、固唾《かたず》をのんだ。

「私は日本を訪問したい。しかし、中国と日本の間に国交がありません。ですからそれは不可能です。法律に仮釈放という規定がありますけれど、もし総理に仮辞職ということが出来れば、私は仮辞職して日本を訪問したいです」

周恩来は1917(大正6)年、日本に渡った。東亜高等予備学校に入り、東京高等師範学校や第一高等学校を受験するが失敗。河上肇《かわかみはじめ》の著書でマルクス主義を学んでいる。

劉徳有はこう述懐した。

「若い頃自分の住んだことのある、あの日本に是非もう一度行きたいという気持ちは大変強く持っておられたと思います」

## ＬＴ貿易始まる

交渉前、日本政府は、プラント輸出の商談を行わないよう高碕に釘を刺していた。日中貿易の拡大に懸念を示すアメリカへの配慮からだった。

しかし、中国政府がプラントの輸入を持ちかけると、高碕は即座にこれを受け入れた。帰国後、高碕の独断に、外務省・大蔵省は反対するが、通産省は評価した。倉敷レイヨン（現クラレ）の大原総一郎など産業界からの働きかけがあり、池田首相も承認し、プラント輸出が本格化していく。

これに対し、台湾の国民政府が反発し、岸を中心に自民党の親台湾派が池田への批判を強め、自民党内で親中国派と親台湾派の対立が深まっていく。結局、蔣介石を宥《なだ》めるため元首相の吉田茂が自ら訪台することになる。

プラント輸出では、１９６３年、北京にビニロン工場を建設する契約が成立。第一号工場が作られ、ビニロンの製造技術が輸出された。ここで日本の専門家が技術指導に当たり、福建省、蘭州市、湖南省など各地の技術者たちも訓練を受けた。

こうした技術移転によって建設された工場が、今も福建省で稼働している。三明《さんめい》ビニロン工場だ。

「福建省2000万人の衣料問題を解決するために新工場を建設しよう！」というスローガンの下、建設された。今も一部を除き、日本の設備を利用している。

当時、働いていた労働者の一人、陳国泉は語った。

「日本の設備はやはり耐久性に優れていて、性能は素晴らしいですね。30年、改善を行ってきましたが、設備はしっかりしていて、品質を維持することが出来ています」

日中の国交正常化への道は、まず、高碕、松村らのLT貿易によって切り拓かれた。数々の交渉に立ち会った劉徳有はこう回想する。

「LT貿易が出来たことは1972年の国交回復実現のための貴重なワンステップ。基礎を築いた、と私は見ています。やはり一つ目標が必要です。目標なしにただ仲良くしましょう、これじゃ意味がないと思います。ゆくゆくは、国交正常化に持って行く」

しかし、高碕自身は、国交正常化を目にすることはできなかった。体調が悪化し、訪中の翌年、1963年3月に手術を受けたが、すでに胃癌が進行していた。

1964年2月24日、高碕達之助は79年の生涯を閉じた。

周恩来は「このような人物は二度と現れまい」と哀悼の意を述べた。

## 境界人の経済合理主義

中国のことわざに「水を飲むのに井戸を掘った人を忘れない」という言葉がある。日中外交の井戸を掘った人として、政治家では田中角栄や大平正芳、経済人では岡崎嘉平太がよく知られている。高碕達之助もその一人だが、近年、その独自性に光があてられている。東洋食品研究所に残された高碕個人の文書研究が進んだことで、その人物像がよりくっきりと浮かび上がってきたのだ。

三重大学特任准教授の村上友章《ともあき》は、高碕は「壁を飛び越える」「境界人」であったと評する。

一つは民から官への越境だ。高碕は、戦前、製缶と缶詰の分離にいち早く注目して東洋製罐を立ち上げた起業家だった。戦後、吉田茂は、高碕が戦前に培ったアメリカ財界とのパイプに注目し、電源開発総裁に抜擢した。高碕はバンク・オブ・アメリカの融資と米アトキンソン社の土木技術を導入して、短期間で佐久間ダム建設を成功させた。政界に入った高碕はその後も、「半官半民」のアイディアで日中関係を切り拓いていく。

もう一つの越境は、「冷戦」のさなか「西側陣営」を越境したことだ。ＬＴ貿易だけでなく、日ソ漁業交渉やエジプトのナセル大統領との交流など、その行動は地球規模だった。この高碕の越境性は、戦前、アメリカ・メキシコや旧満州で苦労を重ねた、たたき上げの起業家として培われたものだった。

河野《こうの》一郎は高碕を「政治的感触は二〇％、あとの八〇％は経済的感触の人であった」と偲《しの》んでいる。経済界から政界に入り、日ソ漁業交渉、ＬＴ貿易に取り組んだ時も行動の基準は

「経済」にあった。河野は高碕をこう評している。

「高碕さんは、政界から求められて入った人である。そして死ぬその日まで、政治家にならなかった人である」（『高碕達之助集』下）

高碕の生涯を「経済合理主義」というキーワードで読み解く研究者もいる。国文学研究資料館准教授の加藤聖文《きよふみ》だ。加藤は特に満州重工業開発総裁時代の経験を分析し、高碕の中国への贖罪《しょくざい》意識を次のように分析している。

「高碕の中国に対する贖罪意識の特徴は、満業（満州重工業開発）の経営者として現地人の部下を持ち、また多くの現地人労働者を使いながら、社員融和と労務対策に失敗したという具体的な経験に基づいたものであり、経済合理主義を信条とする高碕にとって痛恨の極みであったといえる。その点において、とかく具体的経験とは乖離した抽象論的加害者意識に陥りがちであった多くの戦後日本人とは明確に異なる位置にあったのである」（加藤聖文「高碕達之助と戦後日中関係――日本外交における『政治』から『経済』への転換」）

高碕は日本が中国大陸で犯した誤りを体験的に知っていた。多くの満州国の元官僚のように満州国体験を美化することは決してなかった。そして、日中外交に携わるようになっても、イデオロギーにとらわれることなく経済合理主義を貫いていく。こうした姿勢は周恩来はじめ多くの中国人の信頼を得た。

高碕達之助文書を読み込んだ加藤は、晩年の高碕の興味深い試みをあきらかにしている。

1963年暮れ、高碕はアメリカの国土開発委員会副委員長であったミカエル・W・ストラウスの訪中を仲介しようとしたのだ。「高碕はこれを通じて米国世論の対中観緩和を図り、交流の糸口を見いだそうとしたのである」（加藤　同前）

この試みは高碕の死によって実現しなかった。しかし、経済合理主義を重視した高碕は最後まで、日米中三国が経済を通じて連携していく世界を模索し続けていた。

米中和解が発表されるのは、高碕の死から7年後のことだ。

## 「隠れた大使館」での情報収集

高碕の死の直後、1964年4月、松村謙三は訪中して廖承志と交渉。北京と東京に、LT貿易連絡事務所が設けられることになった。

当時、東京事務所はホテルニューオータニの近くの日本農研ビルにあった。この時、事務所に勤めていたのが、岡崎嘉平太の秘書だった金光貞治《かねみつさだじ》、86歳である。金光によれば、2階の廊下をはさんで日中それぞれの貿易事務所があった。国交のない中、「隠れた大使館」だったが、金光らはいつも外事二課に監視されていたという。

LT貿易事務所の設置とともに、日中の記者の交換も始まる。

1964年9月、来日した記者のなかに劉徳有がいた。

早速、情報収集が始まった。

金光貞治

「毎日の新聞はかかさず、朝毎読、東京、日経、全部読んでいました。参考になる記事をピックアップしたのです」

もう一つ、独自に取材したニュースを、KDD（国際電信電話。現KDDI）を通して本国へ送った。これは中国の幹部が見る「参考消息」に掲載された。

劉が取材で力を入れたのは日本の政界の動向である。当時、池田首相が癌に冒されており、ポスト池田が誰になるのかが、重要な問題だった。

「次の総理が誰か。いろんな人にあたって、聞くわけですけれど、答えはまちまち。ある人が言うには、次は佐藤（栄作）さん。ある人が言うには、いや、それは河野（一郎）さん。いやそれは違う。藤山（愛一郎）さんである。誰の意見が一番正しいのか分かりません。また、どういう仕組みになっているのかも分かりません。結局は最後に池田総理が一筆書いた。私は佐藤栄作君を総理大臣に推しますと両院議員総会で読むわけです。これで一遍にけりが付いた。今まで取材をして、いろんな意見を聞いたけれど、結局あんまり役に立たない。いろんなやりくりがあるんだなと、その時はじめて知りました」

一方、北京で情報を受け取ったのが、当時、外交部日本処にいた丁民《ていみん》である。1927年瀋陽に生まれ、清華大学を卒業後、通訳として活躍していた。丁民は、暗号電報が使えず、東京への返信に苦労したという。

「どうしたかというと、天津まで行って日本に行く中国の船の船長に頼んで、密封した手紙を渡した。東京の晴海に着いたら電話して取りに来るように。それから向こうからの返事は船がいる間に渡してもらう。

日本の友人に頼んで持って行くというのもある。で、一遍、その飛行機が途中でどこか山にぶつかって……日航機事故があった。その中に我々の友人が手紙を持って乗った場合もあった。大騒ぎしてその現場に、その方が生きておられるかどうか、その手紙が無事かどうか見に行ったりした」

一方、北京の事務所にはNHKも含めて9社の新聞記者が常駐することになる。

「事務所は大使館じゃないけども半官半民の代表。北京では、外国の新聞記者の中で国交のない日本の新聞記者が一番多くなった。だから、国交の正常化の前にお互いに相手の事情をよく知る上で、非常に大きな役割をしていた」

さらに記者だけでなく、日本からは通産省や外務省のスタッフもやってきた。

「出先があるから、そこで接触する範囲が広くなった。それから自分の思った時に人に会い、話がきける。だから両国間の意思の疎通が早くできるメリットがありました。量的変化だけでなくて質的変化があったと思います」

こうしてLT貿易事務所は、単に貿易の促進だけでなく、情報収集の場、陰の大使館として重要な機能を担った。

それが、のちに日中国交正常化を進める際に大きな力を発揮することになる。

## 古井喜実の登場

この時期、高碕、松村ら自民党親中派に新たな政治家が加わる。鳥取県選出の衆議院議員、古井喜実《よしみ》である。

古井は、1903（明治36）年鳥取県の小地主の家に生まれた。東京帝大法学部を卒業後、内務官僚となり、茨城県、愛知県知事を歴任。戦後、公職追放となり弁護士を開業。1952（昭和27）年、改進党から立候補し政界に入る。日中外交に目覚めたのは、1959年、松村謙三にしたがって訪中したことがきっかけだった。

丁民

その後、1967年にLT貿易の期限が切れると、高碕の後を継いだ古井は、1968年に訪中し、覚書協定を交わし、以後、「覚書貿易」を続けた。

しかし、自民党内では親台湾派が強固で、古井らは「屈辱外交」「土下座外交」との批判を浴びる。ＬＴ貿易から覚書貿易へと親中派による中国とのパイプが維持される一方、岸信介をはじめとする親台湾派との対立が続いていた。そんななかでも、古井は日中国交正常化を構想していた。

「中国問題はまずもって日本の問題である。両国の関係がうまく行かないで日本の幸せも将来もない」

古井のことばをＬＴ貿易事務所の金光も鮮明に記憶している。

「『日中は国交を回復しなければいけないんだ。現実に考えてみなさい。隣国で中国が嫌だから日本はどこか引っ越ししますと言うわけにはいかん。だから仲良くして国交を回復するようにもっていくのが、私の信念だ』。高碕さんの言われたことと、よく似ています」

高碕が切り拓いたＬＴ貿易は、松村、古井らに引き継がれ、１９７２年の田中訪中を成功させる大きな力となっていく。

# 第2章

# 尖閣諸島・秘密交渉

1969年に沖縄県石垣市が魚釣島に建てた地籍表示の標柱

## 領有権の起源は

東シナ海――石垣島の北方、約170キロに連なる沖縄県・尖閣諸島。いまや日中関係に棘《とげ》のように突き刺さった存在となっている。

この島が国際政治の焦点となったのは、LT貿易協定が結ばれてから7年後、1969（昭和44）年、石油埋蔵の可能性が指摘されてからだ。にわかに台湾、中国が主権を主張し、尖閣諸島の存在が国際問題となる。

そもそも、尖閣諸島の領有権はどのような経緯をたどってきたのだろうか。

日本政府が尖閣諸島の調査に動いたのは、1885（明治18）年。時の内務卿、山県有朋が、沖縄県令の西村捨三《にしむらすてぞう》に、沖縄近海の無人島を巡視し、調査するよう命じた。西村県令は、清国の福州との間の無人島、久米赤島《くめあかしま》、久場島《くばじま》、魚釣島に、国の標識を建てて良いかどうか、上申した。これを受け、山県は井上馨《かおる》外務卿の意見を求めた。

井上は、国標を建設すると清国の疑惑を招く恐れがあるとして、他日の機会に譲ったほうが適当と回答。その結果、国標の建設は見送られ、尖閣諸島のうち、魚釣島を調査したにとどまった。この間の詳細な経緯は横浜国立大学名誉教授の村田忠禧《ただよし》が『史料徹底検証　尖閣領有』で詳《つまび》らかにしている。

それから10年後、1895（明治28）年1月14日、日本政府は久場島・魚釣島に標杭を建設することを閣議決定した。事前に意見を求められた外務大臣の陸奥宗光《むつむねみつ》は「別段異議無之候」、特に意見はないとしている。

この時、前年に始まった日清戦争は、日本の勝利が明らかになっていた。10年前の井上のように清国の動向に配慮する必要はなくなっていた。

現在、日本政府は、この閣議決定で尖閣諸島が日本に編入されたとしている。外務省は、「尖閣諸島が無人島であるだけでなく、清国の支配が及んでいる痕跡がないことを慎重に確認した上で」編入しており、「国際法上、正当に領有権を取得するためのやり方に合致しています（先占の法理）」と説明している。いわゆる無主地先占論である。

ただし、この編入は内外に公表されてはいないと村田忠禧らが批判している。この点について、外務省は民間人の土地借用願に対する許可の発出や国県による実地調査等で主権の行使を行っており、「日本の領有意思は対外的にも明らか」であり、また、「国際法上、先占の意思につき他国に通報する義務があるわけではありません」と説明している。

尖閣諸島の編入から3ヵ月後の4月17日、日清戦争に勝利した日本は、下関条約を結んだ。この条約で、日本は清国から「台湾全島及其ノ附属諸島嶼《とうしょ》」を割譲されたが、この「諸島嶼」に尖閣諸島は含まれていない。

その後、尖閣諸島には日本人が入植し、最盛期には248人が暮らした。アホウドリの羽毛の採取や鰹節づくりが行われたが、1940年には無人島となった。

1945年8月、日本は太平洋戦争に敗れ、12月、アメリカ軍による沖縄統治が始まる。沖縄はアメリカの施政権下におかれ、尖閣諸島もそこに含まれることになる。

1951（昭和26）年9月、サンフランシスコ講和会議が開かれた。この会議に最大の戦争被害国である中国は招待されていなかった。

日本はサンフランシスコ平和条約を締結したが、第二条b項には次のように記されていた。

「日本国は、台湾及び澎湖《ほうこ》諸島に対するすべての権利、権原《けんげん》及び請求権を放棄する」

現在、中国政府は、尖閣諸島はこの時日本が放棄した台湾の一部であるとしている。1943年の「カイロ宣言」に基づき、台湾とともに中国に返還されたという主張である。

日本政府は、尖閣諸島は下関条約で得た「台湾及び澎湖諸島」に含まれておらず、サンフランシスコ平和条約第三条に基づいて、南西諸島の一部としてアメリカの施政権下に置かれたとしている。

ここで注意しなければいけないのは、サンフランシスコ平和条約の締結時には、尖閣諸島はまったく外交上の問題になっていなかったことである。

中国については、1950年5月15日に作成された「対日和約（対日講和条約）における領土部分の問題と主張に関する要綱草案」と題する外交文書がある。2012年12月27日に朝日新聞や時事通信が報道したが、北京の中国外交部档案館に収蔵されているものである。サンフランシスコ講和会議に備える内部資料と見られる。この草案の「琉球の返還問題」では、琉球の「南部は宮古諸島と八重山諸島（尖頭諸嶼《せんとうしょしょ》）」と説明し、尖閣諸島を琉球の一部として論じる一方で「尖閣諸島を台湾に組み込むべきかどうか検討の必要がある」としている。その後、この資料は公表されずに終わっている。

台湾については、1952年、国民政府と日本は日華平和条約を締結するが、この時、尖閣諸島の領有権は俎上に載せられていない。

後述するように、現在確認できる資料では、尖閣諸島の領有権について、中国も台湾も1971年まで、対外的に主権を主張したことはなかったのである。

## アメリカ統治下の尖閣諸島

戦後、アメリカの軍政下におかれた尖閣諸島。久場島と大正島（久米赤島）は、アメリカ軍の射爆場となり、周辺海域への立ち入りは禁止された。琉球政府は、周辺海域に近づかないように漁業関係者に警告していた。

ところが、1950年代から尖閣諸島周辺で操業する台湾の漁船が増え、60年代に入ると、その数は年間3000に及ぶようになる。

1968年7月には、尖閣諸島の南小島《みなみこじま》で台湾人が海鳥の卵を乱獲したり、漁を行ったりする「不法入域」が報告された。さらに同年8月には南小島の沈船解体に従事する台湾人に、琉球警察が退去を命じたが、なかなか従わないという事態が起こった。

こうした問題に対応したアメリカの外交官がいる。当時台湾の米大使館で臨時参事官（政治問題担当）だったレオ・モーザーだ。後にラオス大使もつとめたモーザーをカリフォルニア州パロアルトに訪ねた。

「台湾の漁師たちが尖閣諸島に上陸しては、漁網を乾燥させたり、修繕したりしていました。尖閣諸島は軍事演習場として利用されており、アメリカ軍兵士が、台湾訛《なま》りの中国語を話す彼らとコミュニケーションをはかることはできませんでした。ですから漁師たちがいったいそこで何をしているのか把握するのが難しかったのです」

8月27日、モーザーは国民政府の外交部北米司長の湯武《とうぶ》と面談した。

「我々は台湾人がそこへ立ち入ってはいけないと抗議しています。この問題にアメリカも憂慮していると伝えると、湯は台湾人による不法侵入には、罰則を設けるといったのです。彼は融和的でした。

ところが、漁師の問題に対する日本の懸念を伝えたところ、彼の態度は変わり、苛立《いらだ》ち始めたのです。当時の『中華民国』は国家主義的で、極めて愛国的でした。台湾人は大人しく黙っているような人たちではありませんでした。台湾は国連の常任理事国でした。中国のいわゆる正統な継承者です。そういう意味で、彼らは非常に愛国的でした」

日本に反発する湯に対し、モーザーは尖閣諸島には日本の潜在主権があると反論した。「湯武は、この問題には日本は一切関係ないという認識でした。日本は全く関係ないと。日本が関係していないという点に私は反論したわけです。というのは、アメリカは（尖閣諸島の）日本の潜在主権は認め、最終主権に対しては立場を取らないというスタンスでした」

後述するように、アメリカは沖縄における日本の潜在主権を認めていた。尖閣諸島も沖縄に含まれるので、日本の潜在主権があるというモーザー。しかし、国民政府の外交部はこれを認めようとはしなかった。

## 石油埋蔵で注目が

1969（昭和44）年5月、石垣市によって尖閣諸島の主要な島に、日本領を示すコンクリート製の標柱がたてられた（73ページ写真）。

同じ5月、尖閣は国際的に、にわかに脚光を浴びる。ECAFE（国連アジア極東経済委員会）の報告書が周辺海域に「ペルシャ湾にも匹敵する石油埋蔵資源の可能性」を指摘したのだ。

これを機に、台湾、中国が相次いで尖閣諸島の領有権を主張していく。

では、ECAFEの報告書は、どのようにして生まれたのか。

アメリカ・テキサス州ブライアン、この田舎町にその発端を知る人物がいる。海洋学者のトム・ヒルデ、78歳を自宅に訪ねると、当時の資料や写真を示しながら証言してくれた。

ヒルデは1967年から3年間、アメリカ海軍の海洋調査に参加した。その目的は対ソビエトの潜水艦作戦のために海底の地形を調べることだった。

「潜水艦が音を立てると、海底やほかの船舶に反射します。海軍の目的は、ロシアの潜水艦が出す音と、海底に反射して返ってくる音を正確に識別することでした。そのため、海底の音響特性を分析、測定するのです」

ヒルデらは、アメリカ第7艦隊の海洋調査船FVハント号で、東シナ海と黄海で音響データを集めた。すると水深100メートル以下の浅瀬で石油の埋蔵の可能性が明らかになってきたという。

もともと、東シナ海の大陸棚に豊富な石油と天然ガスが埋蔵されている可能性は、1961年、アメリカの研究者ケネス・エメリーと東京水産大学の新野《にいの》弘教授が指摘していた。エメリーは、より詳細なデータを得るため、CCOP（アジア沿海地域鉱物資源共同探査調整委員会）とともに、アメリカ海軍の調査船でデータを収集することになった。日本や韓国の科学者も乗り込み、ヒルデはこのＣＣＯＰのメンバーとして調査に加わったのだ。

音響データは軍事機密だったが、石油埋蔵の情報は機密ではなかった。１９６９年５月、バンコクでＥＣＡＦＥの「石油埋蔵の可能性」報告が発表されると、国際的に注目されることになる。

ＥＣＡＦＥの報告書を受けて、日本では石油企業や民間人が採掘権の取得を始め、台湾では採掘権をアメリカの石油会社と契約すべく動き出す。ヒルデ自身は、ＡＡＰＧ（American Association of Petroleum Geologists）の学術誌に発表、台湾の海洋研究所で働くことになる。

尖閣諸島の石油にまず注目したのは台湾だった。

## 沖縄返還に蔣介石が動いた

尖閣諸島で石油の埋蔵の可能性が公になったまさに同じ年、日本は、沖縄返還へ向けて大きく動き出していた。

１９６９年11月、佐藤栄作首相はアメリカを訪問。ニクソン大統領と会談し、「核抜き本土並み」で沖縄が返還されることを明らかにした。

しかし、日米で進められた沖縄返還に、台湾の指導者・蔣介石は不満を抱いていた。東京大学の川島真《しん》教授が、アメリカ・スタンフォード大学フーバー研究所に残る蔣介石日記によって明らかにしている。それによると、沖縄返還が発表されると蔣介石は次のように記した。

「これはアメリカの台湾への侮辱を表している。アメリカが私たちを無視しているという事実は国家的屈辱だ」

１９６９年11月、台湾は沖縄返還の是非を沖縄県民の投票によって確認せよとアメリカに提案している。

まもなく蔣介石は、沖縄返還は認めるものの、尖閣諸島にはこだわりを見せる。

１９７０年８月16日の日記。

「尖閣諸島の領有権問題については、我が国はその領有権を放棄していないだけでなく、これまでの歴史と政治において、いかなる政府も琉球諸島の領有権が日本にあるとは認めていない。

日本は第二次大戦で降伏した時、明らかに外洋の島の所有権を放棄し、これは広く認められている」

１９７０年、台湾の国民政府は、「尖閣諸島」を「釣魚台《ちょうぎょだい》」と呼ぶべきとし、尖閣諸島を含む海域での石油採掘権をアメリカの企業パシフィック・ガルフに授与することを決定した。

しかし、台湾の動きが明らかになると、７月20日、日本政府は台湾に懸念を表明する。８月10日、愛知揆一《きいち》外相は、参議院の特別委員会で台湾に正式に抗議したことを明らかにした。

日本の抗議を受け、8月11日、蔣介石は記している。

「日本は尖閣諸島が琉球列島に属していることを主張し、台湾とアメリカによる海底油田の共同探鉱に反対している。ケアが必要になる」

9月2日、さらに問題が起きる。台湾・中国時報の記者が尖閣に上陸し、青天白日旗（台湾の国旗）を立て、岩に「蔣総統万歳」の字を残したのだ。

9月12日、蔣介石は記した。

「大陸棚上の石油採掘の問題に関しては、私はすでにアメリカの企業と契約を批准している」「釣魚台群島は我が国防に関係あり、従ってそれが琉球の範囲内に属することは承認できない」

尖閣諸島を巡って日本と台湾の間で外交紛争が生じる危険性が生まれていた。

## アメリカ国務省は「中立」を表明

こうした事態を受け、アメリカは尖閣諸島の領有権について態度を明らかにすることを迫られた。この問題に対応したのが、国務省の法律顧問部、ついで東京のアメリカ大使館で法務官をつとめたチャールズ・シュミッツ、78歳である。ワシントン郊外の自宅を訪ねると、玄関には日本の甲冑《かっちゅう》が飾られていた。東京のアメリカ大使館での勤務は1969年から74

年まで5年間に及ぶ。昨年亡くなった夫人は日本人で、知日派として知られている。

シュミッツによれば、アメリカが尖閣諸島の領有権の問題を考えるようになったのは1969年6月のことだった。石油会社のガルフが尖閣諸島について国務省に問い合わせてきたからだ。

「アメリカの石油会社から、『沖縄の一部に含まれる可能性のある尖閣諸島近海で、石油の利権またはガス採掘権を得られる可能性がある。我々は、アメリカ企業とアメリカ大使館の利益が確実に守られるようにしたい』と連絡を受けました。

実際に、アメリカの石油会社数社が、『台湾と利権協定を結べる可能性がある』と言って来たのです。尖閣諸島が中国の一部であるという前提で石油会社に利権を与えるというものでした。

『この件についてあなた方はどう考えるのか？』と問われて、私は、尖閣諸島が沖縄の一部であるという認識がアメリカに明確にあるのかどうか、調べる必要があると思いました」

シュミッツが、琉球列島米国民政府に問い合わせたところ、「尖閣諸島はアメリカの施政権が及ぶ範囲に含まれている」との回答を得た。さらに、アメリカ海軍にも何度も問い合わせたが、「沖縄駐留の占領軍の管轄区域に尖閣諸島を含めた」との答えが返ってきた。

結局、シュミッツは国務省に「尖閣諸島が琉球列島米国民政府の主張する領域に含まれる」と報告した。

しかし、注意しなければいけないのは、ここでシュミッツが報告した領域は、主権ではなく、施政権の及ぶ範囲だということである。

いったい、主権と施政権はどう違うのか？

シュミッツは図解しながら、次のように説明した。

「施政権には、どちらかというと『所有権（ownership）』、あるいは、『管理（custody）』、『運営（operation）』の意味があります。施政権の下では、平和維持、警察の指揮、税金の徴収、道路の建設などが行なわれます。

一方、主権とは、国際法における用語で、『最高権力を有する』という意味になります。つまり、国王、王女、皇帝（天皇）、国家などを表します。イギリスの国王は、イギリス全土を統治するものの、例えば、ハロッズは所有しません、それはあるデパートが所有しています。つまり、これら二つの用語の意味は全く異なります」

主権と施政権を峻別《しゅんべつ》し、沖縄返還で日本に返還されるのは尖閣諸島の施政権であり、主権ではないというのだ。

なぜか──。シュミッツはこう説明する。

「日本の主権の主張に対し、我々がまるで支持を表明しているかのように台湾やその他の国々から捉えられてしまう可能性がありました。アメリカは、最終主権に関して、決断を下す役割を担うべきではないという認識でした。アメリカは日本に管轄権（施政権）を返還し

チャールズ・シュミッツ

ます。主権は、深刻な問題ですから、我々ではなく、例えば国際司法裁判所が担うべき問題でしょう」

アメリカは尖閣諸島の主権には、関わらないというのだ。

こうした姿勢を「アメリカの中立政策」と捉えるのが、法政大学沖縄文化研究所の研究員、ロバート・D・エルドリッヂだ。著書『尖閣問題の起源』で、その内容を詳細に検討している。

1970年夏、アメリカのこの方針は日本政府に伝えられた。

8月31日、駐日大使のアーミン・マイヤーは愛知外相に次のように述べた。

「領土に関する論争が起きても、主権を主張する当事国間で行われるべきで、アメリカ政府は巻き込まれるべきではない」

9月10日、国務省の記者会見で、日本人記者が質問した。

「尖閣諸島の主権について紛争が生じた際、アメリカの立場はどうなるのか？」

マクロスキー国務省報道官は、こう答えている。

「如何なる紛争についても、当事者間で解決されるべき問題と考えている」

こうして、アメリカは尖閣諸島の主権については、関わらないという姿勢を対外的にも明らかにした。

アメリカは、同盟国日本と台湾の間で紛争が起きるのを避けようとしていた。

## 沖縄返還協定に尖閣諸島を

同じ9月10日、衆議院外務委員会で、社会党の戸叶里子《とかのさとこ》の質問に対し、愛知外相は、尖閣に関する日本の主張を擁護するよう、アメリカ側にしかるべき措置をとるよう要望したと述べている。日本側は尖閣諸島の主権をアメリカに認めさせるべく、密かに動いていたのだ。

1970年に入ると、沖縄返還協定の文案について日米で交渉が始まった。ここで日本側は、協定文に尖閣諸島の返還を明示するよう求めていく。

交渉にあたったのが、当時、外務省条約局法規課長の故・栗山尚一《たかかず》である。

2014年12月、東京・広尾の自宅を訪ねた。栗山は1954年に外務省に入省。日中国交正常化交渉に条約課長として関わり、次官時代の91年には湾岸戦争に対応。駐米大使や宮内庁参与なども務めた。

栗山によれば、アメリカが示した施政権と主権を分ける考え方は、サンフランシスコ平和条約の文脈から成り立たないという。

「日本が戦争に負けて、どういう文脈で日本の領土が最終的に決められたかというと、法律的な文書はサンフランシスコ平和条約しかない。アメリカ、日本が当事者になっている恒一《こういつ》的な文書はサンフランシスコ規約しかない。だから、もし主権と施政権が別だというなら、アメリカはどこにそんなことをおっしゃる根拠があるんですかと、私は言いたいです」

もともと、1951年のサンフランシスコ講和会議で、アメリカの国務長官顧問のジョン・フォスター・ダレスは、アメリカは沖縄を施政権下に置くものの、潜在主権（residual sovereignty）は日本にあるとしていた。これが、日本がアメリカに沖縄返還を求める根拠であった。尖閣諸島についてもアメリカは、日本の潜在主権を認めたことになる。

ただし、ウォータールー大学教授の原貴美恵《きみえ》が指摘するように、潜在主権は「あくまで口頭による、当時の米国見解の表明であり、調印された条約にあるような法的拘束力のある国際合意ではなかった」（『サンフランシスコ平和条約の盲点』）。

ところが、1970年になると、アメリカは尖閣諸島について、主権と施政権を分けて、主権の問題は当事者間で解決すべきとの立場を示した。この点を分析した横浜市立大学名誉教授・矢吹晋は「51年の講和会議と71年の沖縄返還（協定調印）との間で、米国政府が『立場を変え、豹変した』」としている（『尖閣衝突は沖縄返還に始まる』）。

この点をどう考えるのか？

アメリカのシュミッツ元法務官に疑問を投げかけた。

「『潜在主権』は、正確な意味を持つ法的用語ではありません。それはどちらかというと、将来、条件が整えば再び日本の行政下に置かれると言及することによって、アメリカが沖縄の領土を所有しようとしているのではない、ということを表すために、ダレスによって考案された政治用語です。あくまで政治的表現であり、その時点ではダレスにとって役立つものでした。

創案された当初は、大変便利な表現でしたが、大いに誤解を招いたように思います。ただ、混乱を招いただけです。

しかし、沖縄の潜在主権が日本にあることと、アメリカが特定の島に関して最終主権を決定する立場にないとする政策とは矛盾しないと思われます。主権の問題は、国際司法裁判所、あるいは双方の交渉によって決定されるべき問題です」

私たちは質問を重ねたが、シュミッツは、潜在主権はダレスが考案した政治的な用語であり、主権と施政権を分ける方針との間に矛盾はないとの説明を繰り返した。

栗山尚一

しかし、1970年の日米交渉で、外務省は尖閣諸島の日本の主権をアメリカに認めさせようとする。

栗山によれば、焦点は、沖縄返還協定で尖閣諸島をどう明記するか、だった。

「最初、日本はアメリカに対して、（協定文に返還される区域として）尖閣諸島を含むということを書いてくれと要求した。

日本側は、（沖縄の）施政権を尖閣諸島を含めてアメリカに渡した。ということは、アメリカが日本の領有権を認めたからこそ、施政権を引き受けた。だから条約局は、本文に、尖閣を含む＝including the SENKAKU Islandsと書いてくれと要求した。

ところがそう書かれると、台湾は自分のメンツが丸つぶれになって、とてもうまくいかなくなるから、勘弁してくれということで、いろいろやりとりをして……」

栗山にとって、主権と施政権を分けるアメリカの論法は理解に苦しむものだった。

栗山との交渉にあたったシュミッツ元法務官は、日本側から様々な要求があったと証言する。

「尖閣諸島が日本に属する、あるいは潜在主権が尖閣諸島にあると具体的にどこかに言及できないか、尖閣諸島と言及できないのなら西の島と言及できないかなど、あらゆる案が出されました。日本には強い想いがあり、我々もそれは理解していました。

日本側からは、検討して欲しいとするアイディアが、たしか8つか9つ打ち出されました。私は、その都度、伝えました。

『もちろん検討はするが、我々がそれを認めることができるとは思わないでくれ。アメリカだって問題に巻き込まれている状況なのだから。アメリカは国際司法裁判所ではないのに、あなた方は主権の主張に影響を及ぼすような決断を我々に迫っているのだ。あなた方の考えをワシントンに伝えることはできるけれども、いずれにしても私に意見が求められれば、それはすべきではない、と伝えるだろう』」

交渉が重ねられたが、アメリカは協定の文言に尖閣諸島の返還を明示することに同意しようとしなかった。

## アメリカ・台湾の秘密交渉

同じ頃、アメリカは台湾に対しても外交説得を続けていた。

１９７０年10月28日には、国務省中国部長のトーマス・シュースミスが台湾の外交部北米司長・銭復（フレデリック・チェン）と１時間半にわたって会談した。

銭復

銭復は現在82歳、総統府最高顧問という台湾政界の重鎮である。近年、著書『銭復回憶録１　外交風雲動』でアメリカとの交渉を明らかにしている。

銭復は次のように証言した。アメリカから沖縄返還交渉の報告を受けた台湾は、まず、安全保障上の憂慮を伝えた。

「1963～64年頃、沖縄の米軍127空挺団が、毎年台湾に来て、合同で軍事演習を行いました。もし、こちらが緊急事態になった場合、沖縄の米軍が支援を行うことになっておりました。琉球返還に伴い、アメリカ軍がそこから撤退するのではないかと、我々は憂慮を示しました」

錢はシュースミスに覚書を手交し、台湾は「歴史上、釣魚台（尖閣諸島）に対する主権がある」と述べ、沖縄返還に尖閣諸島を含めないよう求めた。

「我が政府は、琉球にアメリカ軍が駐留さえすれば、そして日本に管理権だけを返還するならば、琉球の日本返還に関してあれこれ言うつもりはない。しかしながら、もし、琉球の中に釣魚台も含まれているなら、我々は強く反対する」

錢によれば、シュースミスはこう回答したという。

「沖縄返還では、当然、釣魚台も一緒に返還する。しかし、アメリカが日本に返還するのは、あくまでも管理権であって、主権を返還するわけではない」

錢はこう強調した。

「彼（シュースミス）が非常に重要なことを言い残しました。つまり、管理権と主権が違っている。主権は sovereignty で、管理権は administer power です」

——彼がはっきりとそう言いましたか？

「はい、そうです」

ここでシュースミスが言う管理権とは施政権のことであろう。
施政権と主権を分けるアメリカの方針が台湾にも伝えられたのだ。

## 中国の反発と盛り上がる「保釣運動」

１９７０年秋、アメリカと日台の外交交渉が続くなか、日本側では、元首相の岸信介が秘密裏に問題の解決を求めて動いていた。そして、日本・台湾・韓国の三者による海底天然資源の共同開発プロジェクトが始まろうとしていた。

これに対し、新たな動きがおこる。

12月4日、中国の新華社通信が、共同開発に警鐘を鳴らしたのだ。

中国の反発を受け、蒋介石は12月7日の日記に記した。

「釣魚台諸島に関しては、しばらくの間、主権の問題を持ち出さない方が良いだろう。そうでなければ、共産党は分裂の種を蒔《ま》くための手段として、問題を利用するだろう。しかし、中華民国は、海底油田のアメリカとの共同開発を放棄しない」

蒋介石は、石油の採掘権では動いていたが、主権では、中国の動きを見て慎重な姿勢を示した。

しかし、同じ頃、アメリカでは、台湾人留学生を中心に「保釣《ほちょう》運動」が急速に盛り上がろうとしていた。保釣とは、「保衛釣魚台」の略で、尖閣諸島の領有権を主張する運動である。

翌1971年、アメリカの主要都市で「保釣運動」のデモが繰り広げられる。1月29日のサンフランシスコを皮切りに、30日にはニューヨークなど5都市で、デモ隊が日本大使館や総領事館を訪れ抗議した。

そのリーダーたちに取材したジャーナリストの本田善彦によれば、運動はベトナム反戦運動の影響が色濃く、台湾の戒厳令下、「息苦しい政治環境下で育った台湾の学生たちが、米国の自由な空気のなかではじめて自主的に取り組んだ学生運動だった」(『台湾と尖閣ナショナリズム』)。

学生たちは、3月12日付で蔣介石に宛てた「釣魚台の主権防衛」を訴える書簡を公開した。「釣魚台の主権問題が解決するまでは、中日韓海底資源共同開発協定を話し合う会議への参加を断固拒絶するよう」求めていた。

この書簡を書いた一人が、当時プリンストン大学の院生だった項武忠《こうぶちゅう》である。現在、同大学名誉教授の項は81歳。カリフォルニア州パロアルトに項を訪ねた。

「手紙では、蔣介石に、立ち上がって防衛するよう頼んだのです。この領土を手放すべきではないと。

アメリカは絶えず言っていました。『日本にこの領土を与えるのではなく、施政権を与えるのだ』。アメリカは、ある意味で、ごまかそうとしているのです。『私はあなた方の味方ですよ。けれども、この領土に関しては、自分で交渉してください』しかし、一旦、日本に施政権を与えてしまったら、どうやって取り戻せるというのでしょうか」

項武忠によれば、運動への反響は台湾よりも中国からの方が大きかった。中国側は執拗に接触を試みてきたが、「今に至るまでコンタクトしていない」という。しかし、台湾当局は、学生たちが共産化したのではないかと警戒し、アメリカ中央情報局（CIA）も接触しようとしてきた。

台湾人留学生の間で高まるナショナリズムを見て、国民政府も動き出す。

1971年2月、日本政府に「覚書」を交付し、尖閣の領有権を主張したのだ。「尖閣諸島は、〝歴史〟〝地理〟〝利用〟の点から国府（国民政府）に帰属するものである」

さらに3月15日、駐米大使の周書楷《しゅうしょかい》は、米国務次官補のマーシャル・グリーンを訪ねて「口上書」を渡し、尖閣諸島の日本への返還に反対した。

4月10日、ワシントンでは3000人のデモが、アメリカ国務省、中華民国大使館、日本大使館に向かった。しかし周書楷大使は接見せず、多くの学生たちは失望したという。

4月12日、周大使はニクソン大統領に離任の挨拶をした際、尖閣の主権を主張した。その後、周大使はキッシンジャー大統領補佐官と協議。保釣運動に言及し、日本への返還に反対の意を伝えた。

翌13日、キッシンジャーは、国家安全保障会議（NSC）のスタッフ、ジョン・ホルドリッチから、これまでの経緯をまとめたメモを受け取った。そこには尖閣諸島についての台湾からの要求が列記され、次のようなコメントが記されていた。

「日本政府は尖閣を自国領だとしている」「尖閣諸島についての紛争は、関係者同士で直接解決すべきという立場だ」

キッシンジャーはその余白に手書きでこう記した。

「島を日本に与えるのだから、これはナンセンスだ。より中立の立場をどうしたら保てるのか」

キッシンジャーは、日本に尖閣諸島を返還する以上、国務省が述べる中立政策が成り立ちうるのか、と疑問を投げかけたのだ。

一方、周書楷は帰国後、台湾の外交部長に就任し、蔣介石にニクソンとの会談を報告した。矢吹晋の研究によれば、蔣介石は日記に次のように記した。

「大統領は特使を派遣して中華民国側との間で国連代表権問題と釣魚台問題を協議したい由だ。余［蔣介石］が思うに、これは情をかけるリップサービスだけだ」

この頃、台湾は、国連における中国代表権問題で危機的な状況にあった。

この年10月、アルバニア決議により、台湾は国連安保理常任理事国の座を失う。中国の外交攻勢から国連の議席を守ろうとする蔣介石。ニクソン大統領の対応について「情をかけるだけのリップサービス」と蔣介石は底意を見抜いていたと矢吹は指摘する（『尖閣衝突は沖縄返還に始まる』）。

事実、この頃、ニクソンはキッシンジャーに命じ、米中和解に向けて密かに動き出していた。

一方、蔣介石は、アメリカの保釣運動が台湾に広がるのを防ぐため、北米司長の銭復に指示した。

「学校や大衆団体に足を運んで、釣魚台問題の真相を説明しなさい」

銭復はこう証言する。

「重要なのは、中国大陸が台湾の留学生たちを煽動したということです。『見てごらん、国家の領土も守れない中華民国政府には希望が持てない、北京政府を支持しなさい』と。

事実、多くのアメリカ在住の若者たちが我々に難題を突きつけ、不利な行動をしました。それが直接、台湾の大学にまで波及してきたため、蔣介石総統は、大学に足繁く通って事実関係を説明しなさいと私に命じました。

私は国内の若者たちに、政府の困難な立場を説明してまわりました。アメリカと日本は中華民国の重要な友好国で、国連で多年、議席を保持できたのも、主として両国の助けによるものです。領土問題は外交手段を通じて解決したほうが上策だと力説してきたのです」
4月19日、台湾の李煥《りかん》国民党台湾省委員会主任委員が来日し、外務省の橋本恕《ひろし》中国課長と会った。李は蔣介石の息子・蔣経国《しょうけいこく》行政院副院長の右腕といわれる実力者だ。台北・台中でデモが起こり、急遽帰国することになり、内々の話として、次のように述べた。
「尖閣諸島の問題は、わが国政府として、きわめて頭の痛い問題である。学生達は、愛国心からデモ等を行なっており、心情的には理解できる面があるが、本件問題は、それ程簡単な、直ちに解決しうる問題ではない。また、本件に関し、必らず《ママ》中共が関心を示すであろうし、わが国としては、そのことをも考慮して、慎重に対処しなければならない」(「国民党実力者の内話」1971年4月19日　中国課)
台湾は、うちに学生を中心とするナショナリズムの高揚を抱えつつ、国際社会では、中国の外交攻勢に対応しなければならなかった。尖閣諸島の問題を取り巻く難しい状況への理解を日本側に求めたのである。

## 緯度経度で尖閣を示す

尖閣諸島を沖縄返還協定にどう書くのか――。
日米の外交当事者にも頭の痛い問題となってきた。
シュミッツ元法務官はこう証言する。

「実際、我々が尖閣諸島と沖縄返還を話題にすればするほど、状況は悪くなってゆきました。アメリカは状況を悪化させたくありません。我々は、日本と台湾の関係を出来る限り穏やかな状態にしたいと考えていました。

法的に言えば、土地境界の記述で十分です。それ以上の内容は、日本を支援するためとなり、我々に別のトラブルを引き起こしかねないのです」

１９７１年３月20日付外務省の極秘メモによれば、日本側は「付属書において経緯度線をもって地理的に表現する」という案を提示した。つまり文言で尖閣諸島は明示せず、緯度経度の境界線で示す範囲に尖閣諸島を含めるというのである。

条約局法規課長だった栗山尚一は、この案は「日本側から出したと思う」と述懐する。条約課長の中島敏次郎と話し合い、落としどころを探したという。

「私は、ギリギリの譲歩はどこらへんか考えなくちゃならない立場にあって、中島課長とも随分議論しましたけれど、私も中島条約課長もここらへんでいいんじゃないかという感じでした。

というのは、もともとのサンフランシスコ（平和）条約における日本の立場が全く害されていないわけですから。サンフランシスコ平和条約に基づいてアメリカが日本から引き継いだ施政権を今度日本に返すという話ですから、そういう意味では日本の立場が法律的に傷ついていることにはならない。確かに『尖閣を含む including Senkakus』と書いた方がはっきりしていいのは、全くその通りだと思います。

しかし、そうでないからといって、何か本質的なことに傷がついたかというと、そんなことはないんじゃないかと思う」

これに対してアメリカ側は「協定上尖閣問題を表面化することをさけたい」としていた。

4月27日、外務省・アメリカ局北アメリカ第一課は「沖縄返還交渉（現状と問題点）」で次のように記している。

「米側は尖閣諸島の問題との関連で対中国考慮上　日台間の紛争にはまき込まれたくないとの感触を示しており、わが方主張との妥協点として返還領域の経緯度にまで表現は合意議事録に落すことを主張している。わが方もこれを受け入れて差し支えないと思うが、なお、文言につき対米折衝中である」

結局、日米は尖閣諸島を文言で明示せず、「合意議事録」に緯度経度で示すことで基本合意していく。

## ＣＩＡの分析

翌5月、アメリカ中央情報局（ＣＩＡ）は尖閣諸島についての情勢報告書をまとめた。

「尖閣諸島をめぐる論争／問題の海底に石油埋蔵の可能性?」である。

この極秘文書は、２０１２年9月、ジョージ・ワシントン大学の国家安全保障公文書館によって発見された。

報告書で、ＣＩＡは尖閣諸島の領有権をめぐる歴史的経緯を詳述している。証拠書類として各国の地図を検討し、「北京や台北で発行された地図でも、日本の尖閣諸島の領有権の主張に、強力な証拠は存在する」とした。

そして、今後の見通しをこうまとめた。

「いかなる展開になろうとも、論争の焦点となっている尖閣諸島の主権問題は、実際に国際司法裁判所へ持ち込まれる、あるいは国連によって解決される可能性はとても低い。尖閣諸島の主権を日本は強く主張しており、所有権の立証責任は中国側にのしかかるであろう」

主権については日本の主張に分があるとする分析である。

さらに5月19日、ＣＩＡは覚書「尖閣諸島紛争の政治的意味」で、日中台3国の今後の動きを予測していた。

「短期的な争いの規模は、日本と中華民国政府（台湾）の間が最も大きいだろう」とし、台湾軍による尖閣上陸などの可能性も「排除できない」とした。また、日・台が、中国の警告を無視して尖閣諸島の西側へ向け油田探索をすれば、中国も海軍の投入を含む強硬手段に訴える可能性も指摘している。

同時に、ＣＩＡは、中国が尖閣問題で日本へ接近を試みるかもしれないという警戒も示している。

「北京は、石油の交渉で日中関係を改善し、日米間にくさびを打つ格好の位置に立てると計算するだろう」

中国が「ソフトなアプローチを取れば」、尖閣をめぐる交渉が日中の国交正常化に利する可能性にも言及していたのである。

## 繊維の密約

沖縄返還協定の調印を目前にした1971（昭和46）年春、日米交渉は、ひとつの問題で完全に行き詰まろうとしていた。

繊維製品の輸出規制である。そして、それが尖閣諸島をめぐる秘密交渉にも大きな影を落とすことになる。この問題は、「糸と縄の取引」つまり、繊維と沖縄の取引と揶揄《やゆ》された日米の密約から語らねばならない。

1965年、佐藤栄作首相は沖縄を訪問し、返還への強い決意を明らかにした。「沖縄の祖国復帰が実現しないかぎり、我が国にとって戦後が終わっていない」

当初、「佐藤は焼身自殺する気か」と返還実現を危ぶむ声が強かった。そんななか、沖縄返還に政治生命を賭けた佐藤は、外務省ルートとは別に密使による交渉を行っていた。

京都産業大学教授（当時）で国際政治学者の若泉敬《わかいずみけい》である。若泉は、コードネーム「ヨシダ」を名乗り、キッシンジャー大統領補佐官と秘密裏に交渉。その結果、秘密合意議事録、いわゆる密約を結ぶ。

最も有名なのが、緊急時に再び核兵器を沖縄に持ち込み、貯蔵する権利を与える「核の密約」である。

１９９４年、若泉は自著の『他策ナカリシヲ信ゼムト欲ス』でこの密約を明らかにした。当時、私はこの密約の真偽を追って、「ＮＨＫスペシャル　戦後50年　その時日本は　沖縄返還　日米の密約」を制作した。当の若泉本人がテレビ取材には応じないという厳しい条件の中で、日米の関係者に片端から取材した。キッシンジャーにもインタビューしたが、密約について質問したとたん席を立ち、再び取材に応じることはなかった。結局、密約については事実と思われるものの、決定的な証拠は入手できなかった。政府もその存在を否定し続けた。

若泉敬

密約の存在が明らかになったのは、それから15年後のことだった。２００９年になって、佐藤栄作の息子・元参議院議員の佐藤信二《しんじ》が自宅に残された密約（秘密合意議事録）を公表したのだ。歴史の真実にたどり着くまでには長い時間が必要だ。そんな思いを強くした経験だった。

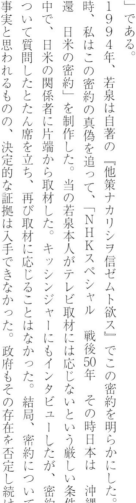

話を繊維交渉に戻そう。

核の密約と共に、もう一つ、返還交渉で佐藤とニクソンが交わしたのが繊維製品の輸出規制の密約であった。

当時、アメリカの繊維産業は、日本や台湾などアジア諸国からの輸出製品に押され苦境に陥っていた。ニクソン大統領は1968年の大統領選挙で繊維業者の多い南部諸州の票を獲得するため、選挙の公約に繊維問題の対処を掲げていた。

大統領選で、ニクソン候補の外交顧問を務めたリチャード・アレンは繊維問題をこう説明する。

「バージニア、サウスカロライナ、ジョージア、アラバマなどの製造業者から、綿製品のアメリカへの輸出に関して、圧力がかかっていました。産業界から圧力がかかったため、当然ながらこれは政治的な問題になりました。国会議員たちはこの問題を非常に気にかけていました」

1972年の再選に向けて、成果を出さねばならなかったニクソン大統領。キッシンジャーを通じ、密使・若泉に、繊維製品の包括的な輸出規制を求めた。佐藤は、当初、沖縄と繊維が取引されることに難色を示したものの、首脳会談で密約を交わすことに同意した。

1969年11月21日、日米首脳会談の3日目。佐藤はニクソンに繊維についての二国間協定をこの年の12月末までに締結することを確約した。

「協力していただければありがたい」と述べたニクソンに、佐藤はこう答えた。

「自分はその場限りの男ではない。誠意をつくすというのが自分の信条である。この問題には幾多の困難があり、米側だけでなく、日本側においても業界は強い利害関係を持っている。しかし、本日述べた趣旨で自分が最善を尽くすことを信頼してほしい」

アメリカ側には、佐藤の最後の言葉は「Please trust me」と記録されている。

では、具体的に佐藤は何を約束したのか――。

この時、「ニクソンから手交された紙の内容を某事務次官が記憶によりしるしたもの」が、２０１１年の外交記録の公開で明らかにされた。

1．毛及び化合繊維製品のそれぞれ（ブレンドを含む）についてシーリングを設ける。基準は六八年。
?《ママ》
2．上記のシーリングの中に衣料品と非衣料品のシーリングを設ける。
3．衣料品と非衣料品の特にセンシティブなものにつき特例の制限を設ける。
4．毎年ある程度の伸び（化合繊５％、毛１％）を考慮する。

日本の繊維製品の輸出量にシーリング、上限を設けるという密約である。

## ニクソン大統領の怒り

ところが、期限の１９６９年12月末になっても約束は果たされないばかりか、１９７０年４月には繊維交渉自体は外交ルートでは暗礁に乗り上げてしまう。ニクソンとキッシンジャーは佐藤政権への不信を募らせていく。

佐藤はなぜ約束を実行できなかったのか――。

交渉の過程を新資料で詳細に分析した日本大学教授の信夫《しのぶ》隆司は、「外務省の高官レベルでは、繊維の密約は周知のものであったのかもしれない」としている。それでも、できなかったのは、「佐藤自身が密約の存在を否定し、また、その密約は、当たり前かもしれないが、主管する通産省には伝えられていなかったからだ」（『若泉敬と日米密約』）。

実は秘密交渉の過程で、佐藤も若泉も繊維問題の重要性をよく理解していなかった。若泉自身、こう告白している。

「『繊維問題』がいかに重大な政治的意味をもつものであるか、という点についての認識がまったく欠落していたことである。……私は繊維問題に関する専門知識を持ち合わせていなかったのである。これらの事実は、いま顧みても悔やんでも悔やみきれないものがある」（『他策ナカリシヲ信ゼムト欲ス』）

外務省条約局にいた栗山尚一はこう証言する。

「佐藤さんは核の問題で非常に執着しておられて、解決するためにどうすればいいか、いろいろ苦労して若泉さんという学者を使って何とかこれを突破しようとされた。僕らから見ると、若泉さんがやろうとしたことは佐藤さんのネゴシエイティングポジションを強化したことにならないので、必要ないことをやられたと僕は思っていますけれど……。

ニクソンの本心は核の問題ではなくて、実は繊維問題の方にある。だから核は（沖縄の基地から）抜いちゃっていい。だけど繊維の方はね、何とかして欲しいというのがニクソンの本心だった。それはあとになって分かるんですけれど、佐藤さんは、僕らも含めてそうですけれど、繊維はちょっと視界の外にあって、核兵器と全体のバーゲン（取引）をどうするかという問題の方に意識が強かったことは認めざるを得ないと思う。結果的にはニクソンの本心を自分たちはよく把握していなかった。

しかし把握していたら、ニクソンの思うように解決できたのかというと、それは解決できなかった。だからニクソンの要求がなかなかできない話だったので、結局、最後は田中角栄さんが繊維業界にお金をばらまいて解決した。しかし、その前の段階では解決の方法が見えなかった。だから佐藤さんは非常に困った」

田中角栄通産相が豪腕でもって規制枠に応じたのは１９７１年10月になってからで、繊維業界への救済に巨額の予算が組まれる。しかし、１９７０年３月の時点では繊維交渉は行き詰まっていた。

２０１４年に公開された外務省の外交記録によれば、ニクソンの怒りは日本側の想像を超えていた。

１９７１年3月12日、マイヤー駐日大使は、ニクソン大統領直筆の佐藤首相宛書簡を手交した。

「親愛なる総理閣下。

繊維問題のこの段階において、失望と懸念を隠すことができない。昨年10月（11月の誤り）にお目にかかった時には、双方が満足すべき了解に達し得ると思った。しかしあまりにも長い交渉の結果、その了解は達せられなかった。……

私はこうした方法であなたに手紙を書くことになったことを、深く遺憾とする。しかし、こうした率直なやり方が問題を解決する途《みち》であり、他の一般的な友情や友好関係を損なわないゆえんであると確信する」

この書簡を手渡した時の佐藤の姿をマイヤーはこう報告している。

「プレスがなんだろうと思ったかもしれないが、佐藤は自分の通訳さえも席を外させた。……佐藤はまるで砲弾を浴びたようなショックを受けていた」

沖縄返還協定調印を目前にしながら、繊維問題のために、日米関係は戦後、最悪の状態に陥っていた。

## 台湾との繊維秘密交渉

繊維問題で日米交渉が行き詰まっていた１９７１年6月、アメリカは、先に台湾との繊維交渉で合意をかちとり、日本とも妥結をはかろうとする。デビッド・ケネディを繊維交渉担当の特使として台北に派遣する。ケネディは、コンチネンタル・イリノイ銀行のＣＥＯ（最高経営責任者）だった実業家で、ニクソン政権では財務長官を務めていた。

5月31日、ケネディは、台北を訪問し、外交部北米司長の銭復と会談した。銭はこう証言する。

「１９７０年からアメリカの台湾政策の風向きが徐々にかわりつつあり、アメリカ政界の要人が台湾に足を運んでくることは、稀にしかありませんでした。ですから、我々にとって、ホワイトハウスの一員の来訪を得難いチャンスだと考えたのです。というのは、ケネディは、我々の考えをニクソン大統領に伝えることができる存在だったからです」

――尖閣諸島問題も会談で取り上げられたのでしょうか。ケネディ氏のほうから先に持ち出されたのでしょうか？

「もちろん我々が先にその話題を持ち出しました。我々は、彼の政治的地位と重みを利用して、ニクソン大統領に、直接伝えてもらいたかったからです」

銭によれば、ケネディ特使は、10日間滞在し、6月4日と9日の二回にわたって蔣経国行政院副院長と会談。台湾からの繊維製品の輸出問題について交渉した。なお銭によれば、この時、蔣経国自らは尖閣について言及しなかったという。

6月7日、ケネディ特使は、台湾から繊維製品の輸出規制について「いくつかの重要な部分で合意に達した」とワシントンに報告した。

公開された極秘文書によれば、この時、ケネディは、尖閣諸島についてホワイトハウスに驚くべき提案を行っている。

国際経済担当のピーター・ピーターソン大統領補佐官がニクソンに報告している。

「ケネディ大使は、この問題を解決する唯一の方法は、沖縄返還協定で、尖閣諸島の日本への施政権の返還を保留することだと確信している」

「尖閣諸島の施政権を日本に渡せば、台湾は大きく体面を損なう」

「日本に施政権を返して台湾のメンツを失わせるより、現状を維持する方が賢明であると強くすすめている」

蔣介石のメンツを保つために、尖閣諸島の施政権返還を保留するという提案。その主眼は、台湾から繊維製品の輸出規制を引き出すことにあった。

「この行動は、日本に強いショック効果を与えることになる。日本が求めることにアメリカが黙って従うことが、もはや当たり前ではないことを示すことになる」

尖閣と繊維をバーゲニングするというケネディの提案であった。

## キッシンジャーが動いた

ピーターソン大統領補佐官の提案を受け、１９７1年6月7日、ホワイトハウスで緊急会議が開かれる。沖縄返還協定の調印は10日後に迫っていた。

この緊急会議に先立って、キッシンジャー大統領補佐官は、尖閣問題について急遽、これまでの経緯を確認しようとした。ニクソン・ライブラリーで公開された資料には生々しい電話記録が残されている。

７日午前10時30分、キッシンジャーは、国務次官のアレクシス・ジョンソンに電話し、尖閣諸島の返還についてアメリカの立場を尋ねた。ジョンソンは１９６６年から2年あまり駐日大使として沖縄返還にも尽力した知日派だった。キッシンジャーは国務省きっての日本専門家ジョンソンに一目置いていた。

ジョンソンは尖閣諸島について、こう答えた。

「（沖縄返還）協定案文のなかで固まっています」

キッシンジャー「それは、いつのことだ？」

ジョンソン「ここ数ヵ月間の経緯を振り返る必要があります。６～７ヵ月間、我々はこの島について台湾と協議してきました。そして、日本との沖縄返還協定文で確定しています。日本から施政権を受け取った島を、そのまま侵害せずに返還するのが原則です」

キッシンジャー「アメリカの立場はわかった。（協定文が）固まったのは蒋経国と会談する前なのか、後なのか？」

ジョンソン「前です。……台湾とは会談が続いているので日付を特定するのは難しいですが、アメリカと日本の間では疑いはありません。その経緯をまとめた文書をお届けします」

ジョンソンは尖閣諸島に関するこれまでの経緯を年表にまとめ、キッシンジャーのもとに届けさせた。前駐日大使ジョンソンのこの情報提供が、その後の協議で日本にプラスに働く。東洋英和女学院大学の増田弘教授はこう評価している。

「占領期も知る真の日本通外交官、〝静かなる外交（quiet diplomacy）〟の実践者のジョンソンによって、われわれは救われたことを知っておく必要がある」（増田弘「〝尖閣〟奇聞・仄聞」）

キッシンジャーは、午後にもう一度ジョンソンに電話した。

「ケネディがこの島のことで狂ったようになっている。……繊維をまとめるにはこれしかないと言っている。まもなく大統領に会う。尖閣諸島に関する法的な立場は？」

ジョンソン「1951年の（サンフランシスコ平和）条約で、尖閣諸島はアメリカが統治する領域（琉球）に含まれています」

キッシンジャー「1951年以降、尖閣の領有権が中国にあるというのは正しいのか？」

ジョンソン「いいえ。……1951年の平和条約調印の時の中国の姿勢を調べさせています。その時点で中国が抗議しているかどうか見極めたい」

キッシンジャー「出来るだけ早く明らかにしてくれ。……この問題を提起したら、総てが吹き飛ぶだろうか？」

ジョンソン「間違いなく吹き飛んでしまいます」

ジョンソンの忠言を受けたあと、キッシンジャーはニクソン大統領に電話した。

ニクソン「(尖閣についての) 我々の立場はどうなっているんだ？　大きな件に関係するのか？」

キッシンジャー「日本との交渉を吹き飛ばしてしまいます。中国と台湾は、それ (尖閣) を台湾の一部にしたい。彼らは台湾を手に入れれば、それ (尖閣) も手に入れられると考えています」

ここでニクソンがいう「大きな件 (the big thing)」とは、後述するキッシンジャーの訪中のことであろう。そして、「彼ら」とは、中華人民共和国のことだ。ひそかに進む米中和解を前に、尖閣は日本、台湾、中国の三ヵ国を視野に入れて考えねばならない問題となっていた。

ニクソンは「5分後に会おう」と電話を切った。

### 大統領執務室での秘密録音

午後3時半、ホワイトハウスの大統領執務室にニクソン、キッシンジャー、ピーターソンが入った。

この時の議論の秘密録音が、２０１３年、ニクソン・ライブラリーで見つかった。ホワイトハウスでの会話をニクソンは極秘裏に録音しており、ウォーターゲート事件では、自らの政治生命を失う結果を招いている。

６月７日の録音は、発見者の早稲田大学客員教授の春名幹男が詳しく紹介している（『仮面の日米同盟　米外交機密文書が明かす真実』）。

私たちも録音を入手して分析した。一部に聞き取りにくい箇所があるが、この日の協議を再現してみよう。

キッシンジャーは、ジョンソンが用意したメモをもとに尖閣諸島のこれまでの経緯をニクソンに説明する。

「１９５１年の（サンフランシスコ）平和条約締結時に、尖閣諸島は行政上、沖縄の管理下となりました。その行政権はアメリカにあり、主権は日本に与えられました。この沖縄の取り決めに対して、当時、中国が抗議したかどうか確認したいと思います。

とにかく、その結果、我々は尖閣諸島を沖縄の一部として扱ったわけです。１９５１年にすでに日本に潜在主権が与えられ、交渉時に係争になったこともありませんでした。交渉の最終週になって、この問題を明るみにしたら、沖縄返還協定の交渉が台なしになってしまう」

ニクソン「それはできないな」
キッシンジャー「我々は、日本に重い代償を払うことになります」
　キッシンジャーはジョンソンのメモによって、潜在主権を日本に認めた経緯もニクソンに説明した。ニクソンはキッシンジャーの説明にうなずきながらも、台湾に目を向ける。
「台湾との交渉がうまくいかなければ、繊維交渉全体がだめになってしまう……違うか？」
ピーターソン「その通りです」
キッシンジャー「その観点からは、とても難しい問題です」
ニクソン「台湾に関して他に対処のしようはあるか？」
キッシンジャー「台湾が望む軍事装備を提供することは出来るかもしれません」
　キッシンジャーは、尖閣諸島に関する台湾の要求を退ける代わりに、目立たないように武器を供与し、納得させようと提案する。銭復が証言でも強調していたように、台湾が何より危惧していたのは安全保障上の問題だった。ニクソンは、８月１日以降に、極秘裏に米軍の高官を台湾に派遣することに同意する。
　続いて、キッシンジャーは尖閣諸島について中国の出方に言及する。
「妙な話だが、我々と共産中国との関係の限りでは、彼らは気にしないはずです。中国は、尖閣諸島が台湾の一部であって欲しいと望んでいます。なぜなら、台湾を手に入れれば、それ（尖閣諸島）も手に入れることになるからだ」

キッシンジャーが極秘に訪中し、周恩来と会談するのは、1ヵ月後の7月9日。すでに米中和解に向けて秘密裏に動いていた。

キッシンジャーは、重ねて沖縄返還交渉が大詰めであることに注意を促す。

「尖閣諸島に関する私の主な心配は、今これを扱うことで、日本に対し、まるで意図的に条約を妨害しているようになるということです。それによって、日米関係は大いに危険に晒《さら》されることを懸念しています」

ニクソンは「我々は、沖縄に関して意見を翻《ひるがえ》すことはできない」と述べながらも、繊維交渉での日本への不満から、対抗措置をとると言い始める。

「貿易に関しては、自動車など、何だって構わない……やるなら、あらゆる手を尽くすべきだ。……新たな取引だ。……日本は繊維で約束を破ったのだから、今度は自動車や思いつくもの何であれ、それでやる。

そもそもなぜ、このいまいましい島々（Goddamn islands 尖閣諸島）を（沖縄返還に）含めたのか？」

キッシンジャーが答える。

「官僚組織にありがちですが、面倒が起きるまで、そもそも問題が存在していたことすら聞いていません。この島についても聞いたことがありませんでした」

「私も聞いてなかった」と漏らしたニクソンだが、最終的に、ケネディの提案は退けられた。こうして、46分56秒の協議は終わった。

私たちはキッシンジャー、ピーターソンにインタビューを申し込んだが、かなわなかった。そこで、ニクソン政権で国際経済政策会議の議長だったリチャード・アレンに、この録音を聴いてもらった。アレンは、1936年生まれの81歳。当時、NSCのメンバーだったが、この場には立ち会ってはいない。録音を再生すると、「非常に興味深い」を繰り返し、その内容に驚きを隠せない様子だった。

「キッシンジャーはこの問題について決まっていたことや背景にある歴史についても、知識は一切持ち合わせていなかった。ピーターソンも当然ながら何も知らなかった。そしてニクソン大統領は二人の補佐官の意見を聞きながら、この問題についてどう対処するのが最善であるか、案を編み出そうとしています。

当然ながら、キッシンジャーは繊維交渉に尖閣諸島の問題を持ち込むことについて慎重になっています。この態度の表れが非常に象徴的です。

私のなかにあるニクソン像から言えば、彼は尖閣諸島が（日本との）関係を破綻させるほどの存在であるとは考えていなかったと思います。煩《わずら》わしい存在だったでしょう。しかし、根本的な関係を破綻させるほどのものではなかった。

当時、尖閣諸島は全く重要ではありませんでした。今日になって、尖閣諸島は重要性を帯び、騒いでいます。しかし留意しなければならないのは、50年前はそれほど重要ではなかったのです」

いずれにせよ、キッシンジャーの提言により、ニクソンは尖閣諸島の施政権返還を決めた。この情報は、翌6月8日、ピーターソンから台湾のケネディ特使に伝えられた。

6月9日、ケネディは蔣経国行政院副院長と会談し、アメリカが尖閣諸島についての方針を変えることは出来ないと伝えた。しかし、ケネディの報告によれば、蔣経国は政治的な困難を引き起こすと憂慮を隠さなかった。蔣は、沖縄返還協定調印の際に、アメリカが次のように声明することを求めた。

「アメリカは尖閣の施政権は日本に返還するが、主権はなお論議されており、当事者間で解決してほしい」

ニクソンの決定を知った蔣介石は、6月10日。日記にこう記した。

「釣魚台も含め、アメリカは日本に返還するとのこと。まったくもって不誠実である」

## 残された主権の問題

台湾の反発に対応するため、アメリカはすぐに動いた。

6月9日、パリで愛知外相はウィリアム・ロジャーズ国務長官と会談した。公開された外務省本省あて極秘電報によれば、尖閣諸島問題について、ロジャーズは、台湾がアメリカに圧力をかけてきているとして、こう切り出した。

「日本政府がその法的立場を害することなく、何らかの方法で、われわれを助けていただければありがたい」「例えば、本件につきなるべく速やかに話合《ママ》を行なうというような意志《ママ》表示を国府（台湾）に対して行つていただけないか」

尖閣諸島問題について日本と台湾で協議してほしいというのだ。

愛知外相はこう答えた。

「国府に必要とあらば話をすることは差支えないが、その時期は返かん《ママ》協定調印前ということではなく……事後的に説明することになろう」

この会議に出席し記録したのが、条約課長の栗山尚一である。私たちは、この極秘電を栗山に見てもらったが、「書いたことは認めるが、まったく覚えていません」という。

当時、栗山は大詰めを迎えた沖縄返還協定の財政問題のため、急遽、東京からパリへ出張を命じられたという。

「私は実際財政の問題のために行ったので、愛知＝ロジャーズで尖閣の問題が出ることはあまり予想していなかった。台湾との間で尖閣の問題について何か話してくれとロジャーズが言って、愛知さんはこれは私にまかしてくださいと言った。要するに軽く流した感じです。ですから、私自身は全く記憶がなかった」

栗山にとっては沖縄の基地撤去費用の問題が大きかった。アメリカは、本来支払うべき返還予定地の原状回復費400万ドルを日本側に肩代わりするよう求めていた。6月9日の会談で、愛知外相に対し、ロジャーズは400万ドル肩代わりの不公表書簡を発することを要請していた。栗山は「合理性や正当性に乏しく、妥協のために不透明な処理をすべきでない」と考えていた。愛知外相も「政治的リスクが大きすぎる」と応じなかった（栗山尚一『密約』問題」）。

しかし、後に吉野文六アメリカ局長が密約に署名。栗山はそのことを知らなかったという。が、その後、1972年4月に栗山が書いた極秘の公電を毎日新聞記者の西山太吉が入手し、国会で追及され、外務省機密漏洩事件として大きな問題となる。

栗山にとっては、この原状回復費肩代わりの「密約」の問題が大きく、アメリカが尖閣諸島を繊維と絡めて台湾と交渉していることなど知るよしもなかった。

「よくわからなかった。アメリカは言いませんから……」

栗山ら外務省の担当者は、繊維交渉の重要性に気付いておらず、尖閣について日本の主権が認められるものと理解していた。とはいえ、ロジャーズの要請を受け、帰国した愛知外相は、6月14日に台湾の彭孟緝《ほうもうしゅう》駐日大使と会っている。愛知は大使に「日本政府は、尖閣問題を最大限に配慮して対処するつもりだ」と語った。

台湾の蔣経国はなおもケネディに訴えた。

「協定締結にあたって、尖閣諸島の最終的な帰属は決まっておらず、すべての関係国によって解決されるべきと言ってほしい」

６月17日、衛星をつないでの日米同時開催という形で沖縄返還協定は調印された。返還の範囲は、本文ではなく、合意議事録に緯度、経度で示され、尖閣諸島はその範囲に含まれていたが、文言で明示されなかった（８ページの地図参照）。

国務省のチャールズ・ブレイ報道官はあらかじめ日本・台湾の当局者に示しておいた書面を読み上げた。

「アメリカは、尖閣諸島の施政権の日本への返還は、中華民国の基本的な主張を損なうものではないと信じる」

ブレイは、「中国が尖閣への法的権利を持っていると認めるのか」という質問にはこう答えている。「この問題にこれ以上踏み込むつもりはない。申し訳ない」。

こうして、沖縄返還により尖閣諸島の施政権は日本に返還されたが、国際的には、主権の問題が日本、中国、台湾とのあいだで残されることになった。

この日、蔣介石は日記に記した。

「経児（蔣経国）と釣魚台列島問題を語る。アメリカはすでに日本にわが国と協議するよう促している」

## そして、ニクソンショックが襲った

それから28日後の7月15日、世界を驚愕させるニュースが飛び込んできた。キッシンジャーが9日、北京を訪問し、周恩来首相と会談したという発表。日本の頭越しに行われた電撃的な米中和解である。

日本政府が知らせを受けたのは、発表のわずか2時間前。佐藤は「ビッグ・ニュース」と日記に記した。「発表までよく秘密が保たれた事だ」（『佐藤榮作日記』）。

さらに、1ヵ月後の8月15日、アメリカはドル紙幣と金の交換を一時停止する。ドルショックだ。日本時間8月16日の午前10時に行われ、すでに外国為替市場が開いていた日本経済は混乱に陥った。

二つのニクソンショックに見舞われた日本。米中和解は、アメリカ国内でも直前まで国務省にも秘密にされていたので、日本だけがカヤの外であったわけではない。しかし、ドルショックは、明らかに繊維交渉でのニクソンの日本への怒りが影を落としていた。

米中和解を外務省はどのように受け止めたのか――。栗山尚一に問いかけた。

「難しい質問ですね。驚きはもちろんありましたけど、しかし僕の感じは、これで日中という道が開けたと思って、展望が開けたことの方が重要だと思いました。米中が動かなければ、日中はいかに佐藤さんが努力しても、水面下のアヒルの水かきとか言われましたけど、いくらやってもね、思うようにはいかなかったはずなんですよ。
アメリカが中国との間のリコンシリエーション（和解）に動いた結果、日本も中国との正常化は可能になって、それは日本にとっては大変な国益になったと私は思ったものですから、ニクソンの繊維についての佐藤さんに対するパーソナルな不信感は、実はあまり気にならなかった」

10月25日、国連ではアルバニア決議が採択され、台湾が国連の安保理常任理事国の座を失い、中国がこれにかわった。この決議に抗議して台湾は国連を脱退した。中国の外交攻勢の前に台湾は追いこまれようとしていた。

世界の冷戦構造が大きく変わった１９７１年。暮れも押し迫った12月30日、中国は外交部声明で尖閣諸島の領有権を主張した。

「日本佐藤政府は近年らい《ママ》、歴史の事実と中国人民の激しい反対を無視して、中国の領土釣魚島などの島嶼にたいして『主権をもっている』と一再ならず主張するとともに、アメリカ帝国主義と結託してこれらの島嶼を侵略・併呑するさまざまな活動をおこなってきた。……これは、中国の領土と主権にたいするおおっぴらな侵犯である。これは中国人民の絶対に容認できないものである。……釣魚島などの島嶼は昔から中国の領土である」

こうして、尖閣諸島の存在は、日中米、台湾がからむ棘のような存在となり、国際化した。今、私たちの前にある尖閣諸島の問題は１９６９年から71年、米中和解という冷戦構造の大転換のなかでおきた。そのなかで、自らの国際的地位に危機感を抱いた台湾は、尖閣諸島の領有権を主張した。アメリカはこれに配慮するため、「主権の問題は当事者間で話し合う」という中立政策を示す。そして、その政策決定に、沖縄返還交渉が複雑に絡み合っていた。

現在に続く尖閣諸島の問題は、1970年代初頭の複雑な国際関係にその起源がある。そして、それは、その後の日中国交正常化にも影を落としていくのである。

# 第3章

# 田中角栄・訪中の舞台裏

人民大会堂で歓談するキッシンジャーと周恩来。1973年11月

## 天安門広場の防空壕

1971（昭和46）年の電撃的な米中和解。中国の外交戦略の転換を象徴する場所が北京にある。天安門広場の地下に広がる全長30キロに及ぶ防空壕だ。天安門から人民大会堂、中南海に繋《つな》がり、30万人収容可能といわれている。

故宮（紫禁城）の南1キロ、胡同《フートン》とよばれる旧市街で、私たちは特別な許可を得て防空壕の一つを取材した。長さ60メートル。70年代初頭、地下8メートルをすべてシャベルとつるはしで掘ったという。狭い入り口からは想像できないほど長い。北京市人民防空弁公室の責任者が、毛沢東のスローガンを記した壁に照明をあてて、説明してくれた。

「深挖洞」（深く掘らなければならない）

「广积粮」（飢餓の問題を解決しなければならない）

「备战备荒、为人民」（戦争と災難に備えること、それは、すべて人民のため）

毛沢東が備えようとした戦争、それはソビエトとの核戦争だった。

1962年頃から共産主義運動のリーダーシップをめぐって毛沢東とソビエトのフルシチ

ヨフの衝突は深まっていた。１９６８年、「プラハの春」にソビエトが介入すると、毛沢東は対決が避けられないと判断するようになる。１９６９年3月に国境の珍宝島（ダマンスキー島）でソビエトと大規模な軍事衝突が勃発、緊張が一気に高まった。毛沢東は中国全土に核シェルターの建設を命じる。

当時の毛の戦略について、元駐フランス大使、元外交学院長の呉建民《ごけんみん》にたずねた（呉は、２０１６年、77歳で交通事故でなくなった）。

「毛主席は『深く防空壕を掘り、より多く食糧を蓄え、覇を唱えない』のスローガンを打ち出しました。それは、１９６８年か69年、当時の国際情勢を分析し、戦争が起きる可能性が十分あると認識したからだと思います」

呉建民

呉建民によれば、毛沢東は、60年代末に、中国が外交的孤立状態に追い込まれたと認識していた。

毛沢東は、葉剣英《ようけんえい》、陳毅《ちんき》、徐向前《じょこうぜん》、聶栄臻《じょうえいしん》の四元帥に国際情勢の分析を指示。１９６９年5月から9月にかけて、四元帥が重要な結論を出した。

「中米の矛盾より中ソの矛盾が大きい、中ソ矛盾より米ソ矛盾のほうが大きい。これが外交政策制定の拠り所となり、中米矛盾の打開という新たな転換をもたらしたのです」

特に外交部長の陳毅は、米ソの矛盾を利用して米中関係を打開することを提案。毛沢東と周恩来は、米中関係の正常化に向けて動き始める。

同じ頃、ベトナム戦争が行き詰まりを見せたアメリカからも関係改善へのシグナルが中国へ送られてきた。中国共産党中央党史研究室研究員の章百家《しょうひゃっか》によれば、珍宝島での中ソ衝突以前から、毛沢東はこうしたシグナルに注意を払っていたという。

「ベトナム戦争で、一つの変化がありました。中国の警告によって、アメリカは北緯17度線を越えて戦場を中国国境まで拡大させなかったことです。中米双方が相手を再認識するきっかけとなりました。

1968年、ニクソンが選挙運動中に、雑誌に文章を発表しました。その中で、もし自分が大統領選挙で勝ったならば、中国訪問を敢行し、中国との関係改善を図ると暗示しました。これが、中国の『大参考』に載り、毛沢東が注目し、周恩来総理も読んだのです。中米関係に注目するきっかけを作ったかもしれません。

1969年1月、ニクソン政権が誕生しました。ニクソンは就任演説でも中国との関係改善を暗示しました。当時、中国は文化大革命のさなかにもかかわらず、毛沢東は就任演説の全文を『人民日報』に掲載するよう指示しました。アメリカ大統領の就任演説を『人民日報』に掲載することは、新中国が成立後、はじめてのことでした。これは、中国もアメリカとの関係改善を願っているというある種のシグナルをアメリカに送ったことになります」

中ソ対立とベトナム戦争の行き詰まりのなか、米中の指導者は、対決から和解へと動き出した。

## 消えた日米安保批判

1971年7月、キッシンジャー大統領補佐官の電撃的な訪中により、米中和解が行われる。この極秘訪中に同行したアメリカ外交の重鎮がいる。ウィンストン・ロード、79歳。1985年から4年間は中国大使を、ビル・クリントン政権では東アジア・太平洋問題担当の国務次官補をつとめている。

ロードは米中和解を進めたアメリカの世界戦略をこう語った。

「我々が中国と関係を結べば、ソビエトの注意を引き、我々と関係を改善させたいとなるのでは、と考えたのです。さらに、我々は、ベトナム戦争を終結させるにあたり、中国の協力を得たいと考えました。

中国とアメリカには、いずれも互いに関係を築きたいという強い動機がありました。アメリカからすれば、まず、世界の人口の5分の1を占め、将来重要な大国となり得る国と折り合いをつけたいというのがありました」

1971年7月9日、キッシンジャーはパキスタンのイスラマバード経由でひそかに北京空港に降り立った。キッシンジャーと周恩来は11日まで台湾とインドシナ問題を中心に会談した。

キッシンジャーは周恩来を最大限に評価していた。

「私が会った世界の政治家の中で彼に匹敵するのはド・ゴールだけでしょう」

キッシンジャーに同行したウィンストン・ロード

ウィンストン・ロード

も「周恩来は最も印象的な人物と言わざるを得ない」という。

「周恩来は非常にカリスマ性の高い人物で、とても上品で洗練されていました。会合では、洗練された調子で、しかしながら言葉を無駄に費やすことなく、上手に話をしました。そして、素晴らしい戦略ビジョンの持ち主でもありました。戦術のセンスも良く、常にメモなしで交渉に当たっていました。周恩来は、自ら会議をリードする場合は、完全にその場を支配していました」

ところが、その周恩来が毛沢東との会談では異なる顔を見せた。

「周恩来は全く様子が違っていました。（毛沢東に）敬意を表し、ほとんどこびへつらっているような感じで、発言もほとんどせず、身振りやしぐさから、毛沢東が賢者であるとして彼を敬う気持ちをはっきりと表していました。周恩来のような支配的でカリスマ性のある人物が、毛沢東の前では極めて慎重にふるまい、うやうやしく敬意を表するのを見るのは奇妙でした。これは、周恩来が生き延びるための手段の一つだったのです」

この会談の2ヵ月後、9月、毛沢東の後継者と目された林彪《りんぴょう》がクーデターに失敗してソビエトに亡命する途上、モンゴルで墜落死を遂げ、周恩来は実質的にナンバー2の存在となる。しかし、1966年の文化大革命以後、江青《こうせい》ら四人組が勢力を伸ばしていた。周恩来は、常に毛沢東の意向を確かめながら、外交を進めていた。

周恩来とキッシンジャー会談の中で、日本にとって重要なのは、日米安保と日本の軍国主義復活についての対話であろう。

7月9日の第一回会談で、周恩来は急速に経済力をつけてきた日本への警戒感を示した。これに対し、キッシンジャーは日米安保による在日米軍が日本の再軍備をおさえる役割を果たしていることを説明した。

「我々と日本との防衛関係が日本に侵略的な政策を追求させなくしているからです。……もし日本が自分の軍事機構を作れば——彼らが我々から見捨てられたと感じればそうするでしょうが——、そしてもし核兵器を作れば——たやすくできるでしょうが——、あなたが表明した心配が本当に現実のものになるでしょう」（毛里和子・増田弘監訳『周恩来キッシンジャー機密会談録』）

キッシンジャーは日米安保が日本の軍国主義復活を阻む、いわゆる瓶《びん》のふたであることを指摘。日本に関しては、米中の利益は「似通ってい」ると主張する。

翌10日の第二回会談で、周恩来はさらに日本の軍国主義復活にふれる。

「日本軍国主義者の野望についてお話ししたとき、朝鮮、台湾、ベトナムのことだけでなく、中国東北部、インドシナ、フィリピンから日本が生命線と見なしているマラッカ海峡の地域までが私の念頭にはありました。ですから、台湾やこれらの地域から米軍が撤退する以前に、日本の武装兵力が入って来る可能性があります」

周恩来はさらに最悪の場合、中国が分割される危険性にまで言及している。

「あなた方は、黄河の北側を全面占領したソ連と結び、揚子江の南側を全面占領します。両大河に挟まれた地域の東の部分は日本用です。過去に日本は山東と青島および上海に権益を持っていました。日本は中国侵略を始める前にすでにこれらの地に来ていました。よくご承知のことですね」(毛里・増田　同前)

ここには我々日本人が抱くイメージとは全く異なる周恩来の顔がある。それは、アメリカ人のウィンストン・ロードにも強い印象を残した。

「周恩来が、日本が再び軍事大国となることへの恐怖について語る時、そこには第二次世界大戦の傷が明らかに反映されていました。感情的というと表現が強過ぎるかもしれませんが、明らかに語気を強めていました。他の問題に対しては冷静で抑制されていたのに対し、こと日本の問題になると語気を強めていたと言えると思います」

日本の軍国主義復活に強い懸念を示す周恩来に、キッシンジャーは日米安保の役割を説いたという。

「キッシンジャーは、『もしも、あなたが日本を案ずるのであれば、日米の緊密な関係をむしろ支持すべきだ。日本が不安を感じるようなことがあれば、日本はもっと強力な軍事国家となる必要性を感じるはずだから』と巧みに訴えました。こうして、キッシンジャーは、日本に対する周恩来の不安をむしろうまく生かしたのです。

日米同盟に対し、中国側は敵意から容認へと変わりました。緊密な日米の防衛関係は、日本を抑えることにいくらか貢献しているとして、承認へと変わっていったのです。中国の指導者たちは、日米関係にいざこざを起こすことは自分たちの利益にならないことに次第に気付くようになったのです。それどころか、もっと頻繁に東京を訪問するようキッシンジャーに促していました」

60年安保改定では、中国は天安門広場の100万人集会で激しく抗議した。周恩来は、高碕との会談で日米安保条約を「このカサブタは大きくて、化膿しており、黴菌をいっぱい含んでいる」と批判していた。

毛里《もうり》和子は次のような疑問を投げかけている。

「周が当時これほどきびしい日本観、対日政策を持ちながら、なぜ、どのような論理と戦略で、翌年の対日国交正常化を決断したのか」「日本の軍事的拡張を抑止するという米国の『保証』や『瓶のふた』論を全面的に受け入れたのだろうか」（毛里和子『日中関係』）

元外交学院長の呉建民に尋ねると、周恩来はキッシンジャーとの会談で、日米安保条約に一定の役割を見いだしたのだという。

「周恩来総理も『日米安保条約』には、二重の役目があると認識したのです。一つは、日本を支持することによって、アジアの安全保障にそれなりの役割を果たさせる。もう一つは、日本の軍事拡大を束縛する役割がある」

こうして、中国はそれまでの日米安保批判を唱えなくなる。そこには、当然ながら、毛沢東の判断があったのだろう。

周恩来は米中和解の先に日中国交正常化を見据えていた。

1972年2月21日、ニクソン大統領が訪中、米中首脳会談を行った。この時、周恩来は外交部の日本担当者にも準備会議や宴席などに参加させた。

丁民はその意図をこう語る。

「周総理が聞くだけでいいという。だからアメリカの代表団が来た時にはどんなふうに接待したのか、はじめから終わりまで聞いています。田中さんが来る時は、同じことをすればよかった。例えば宴会場で中国の楽隊がニクソンのふるさとの音楽を流す。我々はそれを倣《なら》って、新潟の『佐渡おけさ』を演奏し、二階堂進先生は鹿児島出身だから、花は霧島たばこは国分《こくぶ》と『鹿児島おはら節』をやった。ニクソンが来た時の丸写しです。周総理はその意図は言わなかったけれども、我々をニクソンの接待事業にはじめから終わりまで参加させたのは、田中さんの時もこのようにやれという指示だったと思います」

周到に、国交正常化への準備を進める周恩来。では日本側はこれにどう対応していたのだろうか。

## 顧みられなかった情報

米中和解、その可能性を早くから指摘していた日本人がいる。バンドン会議で高碕達之助の通訳を務めた外務省の岡田晃である。

１９６８年11月、香港総領事になった岡田は、アメリカと中国の関係に変化が起きていることに気づき、外務省本省に報告した。

１９６９年1月、ニクソン大統領の就任演説を「人民日報」が全文掲載した。これまでなかったことだ。その後も、変化の兆しを感じた岡田は、１９６９年7月2日に東京で開かれたアジア・太平洋地域公館長会議で、中ソ対立や文革の収束に触れながら、こう発言した。

「今後、国際政治の情勢が変化し、中国の内政も安定してくると、中国外交は大きな転換をするかもしれない。……米中が取引して接近する可能性は排除できないと思われる。今後、米中関係はハネムーンとまでいかなくても、コレクトな関係になる可能性がなしとしない」
（岡田晃『水鳥外交秘話』）

しかし、大部分の出席者は「アメリカがそんなに急に動くはずがない」と賛意を示さなかった。「言わせるだけ言わせておけ」、そんな雰囲気で終わってしまった。

しかし、岡田に米中和解を確信させる情報が入る。

1969年10月、ニクソン大統領が訪米したルーマニアのチャウシェスク国家評議会議長の歓迎晩餐会で、「中華人民共和国のために乾杯」と発言したという報道だ。

びっくりした岡田は「中国と台湾との関係、中国とアメリカとの関係は、非常に早く変わって来るな」と思ったという。しかし、外務省の本省はアメリカを強く信頼しており、動こうとしなかった。岡田は「非常にもどかしく思った」という。

外務省が米中和解を予測できなかった背景にはニクソン、キッシンジャーの秘密外交がある。正規の外交ルートである国務省とは別に、キッシンジャーは独自に中国との交渉を進めていた。国務省のスタッフにも秘密にしていた対中接近。国務省―大使館ルートの情報を重要視していた日本の外務省は米中和解を事前につかむことができなかった。

## 佐藤は相手にしない

こうして、日本は頭越しの米中和解を迎えることになる。

しかし、佐藤首相は手をこまねいていたわけではない。いくつかのルートで中国側との交渉を試みてはいた。

東洋英和女学院大学教授の増田弘は、解禁されたアメリカの外交記録から、1969年から71年の間に、佐藤政権が、パリの日本大使館を通じて二度にわたって中国側と接触を試みていたことを明らかにした。

増田弘は、佐藤の対中接近の外交記録を分析し、次のように語った。

「いろいろ水面下で対中接近を行いましたけど、それがうまくいかない根本原因は、佐藤首相自身の考え方、あくまでも日本と台湾の関係を変えないままに、つまり日華平和条約を生かしたうえで日中国交正常化をしようと考えたことにある。これは、中国側が受け入れるものではなかった。佐藤さん自身は、経済関係を見ても日本側が優位にたっているから、頭を下げるのは中国の方だという考え方すら持っていた。水面下でアメリカが中国に接近しているとは考えていなかった」

日本側は、パリルートで日中大使館協議の開催を求めるが、結局、挫折する。

そして迎えた1971年7月15日のニクソンショック。

佐藤は外務省ルートとは別に、官邸主導で中国との接触に乗り出す。密使・若泉敬によって沖縄返還を進めた佐藤は、中国へも同様に香港ルートで密使を派遣したのだ。佐藤日記に登場するのが、江鬮真比古《えぐちまさひこ》という謎の人物である。1971年9月2日、官邸で中国問題について江鬮から話を聞き、「だまされたと思って話にのる事にした」。その後「和製キッシンジャー」と一定の評価を与え、中国情報を入手している（『佐藤榮作日記』第4巻）。

江鬮に会ったことがあるという中曽根康弘元首相は、「正体は分からない。影の人として佐藤さんが使っておった」という。中曽根はそんな佐藤の外交姿勢をこう評する。

「佐藤さんという政治家は、なかなか底の深い政治家でね。非常に硬派の反共産主義、反中国、岸さんと一緒だ、台湾を支持する方だと思われておった。ところが、実際は総理大臣になった佐藤さんは、日本の運命を考えて、台湾も大事だろうけれど、中国がこれから一番大事だ。米中関係が動いている以上は、日本も負けてはならぬ。そういう考えに立って、政策を前進させることを考えておった。アヒルの水かきみたいに目に見えないところでは水かきをしておった。中国との関係を何とか打開する道を考えようと秘密の使いを送ろうとした。江鬮君というのはその人ですがね。そんないろいろなこともやっておった」

佐藤のもと、密使の江鬮と並行して香港で動いたのが、香港総領事の岡田晃である。1971年8月30日、岡田は9月1日から開催されるアジア・太平洋地域公館長会議を前にした特別会議で「中国の国連加入は本年秋には必ず実現する」として「対中打開の機会を失してはいけない」と力説した。この発言に注目したサンケイ新聞記者の千田恒《せんだひさし》が、岡田を自民党幹事長の保利茂に引き合わせた。

そして9月11日、首相官邸で佐藤首相との面会が実現する。岡田が「中国政策（私案）」を渡し、説明すると、佐藤は、個人的には岡田の案に賛成だが、国内政治も許さないし、党もついてこないとした。それでも、佐藤は「台湾が中国の領土の一部である、一省であるということを認めることには反対しない」として、「外相または幹事長を日中国交正常化のための準備をするために訪中させてもよい」と語った。

この日の佐藤日記には、岡田から「中国問題の様子」を聞いたことが記されている。

「尚今直ちにとは云はぬがそのうち出かける用意のある事を伝へる様にと話をする」（『佐藤榮作日記』第4巻）

9月14日、香港に帰任した岡田は、香港財閥の利氏一族らの仲介で中国との接触をはかった。しかし、岡田によれば反応は芳《かんば》しくなかった。

「佐藤さんも本心は台湾のことばかり認めているのではなくて、中国もちゃんと認めていることはこっそり伝えてやったけれど……。（中国側の反応は）大して重視するところはなかった。ちゃんとした政策に現れてくるわけではないからね」

香港ルートでの密使派遣と並行して、官邸では、直接、周恩来との接触を図っていく。周恩来との会談を希望する、いわゆる「保利書簡」を訪中する美濃部《みのべ》亮吉《りょうきち》・東京都知事に託したのだ。

しかし、11月に美濃部と会談した周恩来は、保利書簡の受け取りを拒否した。

中国側は佐藤からの接触をどう見ていたのか。外交部の丁民はこう証言する。

「保利茂さんが触手をのばして、美濃部さん、キッシンジャーをもじってミノベンジャーが手紙を持って来た。それはみんな相手にしなかった。

だいたい台湾との関係をどうするかという問題にはっきりした態度がないと我々は受け付けない。佐藤さんと岸さん兄弟は蒋介石が大陸反攻というスローガンを出していたのに賛成だったようです。アメリカでさえ賛成しなかった。佐藤さんや岸さんはアメリカよりも、もっと反中国的だったたっていうことになる」

これより3ヵ月前の1971年8月、日中友好に尽力した松村謙三が88歳で亡くなった。

その当時、周恩来は夜中に仕事をして、午前5時、日本のニュースをまとめた「広播資料」に目を通してから就寝するのを常としていた。松村の訃報に接すると、早朝にもかかわらず、周恩来はすぐに中日友好協会副会長の王国権《おうこくけん》を特使として派遣することを命じた。この時、同行を命じられたのが、通訳の王效賢《こうけん》である。王は、北京大学日本語科を卒業後、1971年から外交部で働いていた。王效賢は、出発前に周恩来から釘を刺された。

「佐藤総理とは話をしないでくれ。佐藤内閣はもう相手にしないでくれ」

8月26日、東京の築地本願寺で松村謙三の葬儀が執り行われた。最前列の王国権に、佐藤首相が歩み寄り、挨拶した。

「周総理に感謝する」

王は周恩来の忠言通りにふるまった。

「だまっていました。握手はしませんでした。佐藤さんは、台湾と仲良くする、台湾の大陸外交を支えるとはっきりと言っていた。だから、それに対して中国は相手にするはずがなかった」

周恩来はすでにポスト佐藤を睨《にら》んでいた。佐藤政権からの接触はことごとく拒絶したのである。

## 田中角栄の中国政策

ポスト佐藤の最有力候補、田中角栄。中国政策について関心を示し始めたのは1971年7月、通産相に就任する頃のことだ。

外交には素人の田中が、勉強会に招いたのが外務省・中国課長の橋本恕《ひろし》である。1926年、徳島県鳴門市に生まれ、東京大学法学部卒業後、外務省に入った。橋本によれば、そのお膳立てをしたのは、東京タイムズの記者から田中の秘書になった早坂茂三《しげぞう》だった。

「早坂ね、あいつは私の飲み友達でね。豪放磊落《ごうほうらいらく》を装っていますが、実際は繊細な男でね。彼が私に先輩先輩というから、こっちも調子良く使っていた」

そんな早坂が橋本に頼みに来た。

「うちの親分は今度ご承知のように総理に立候補する。そろそろ重要な中国問題を本格的に勉強しなきゃいかん。その先生としてあなたに頼みます」

橋本は幹事長時代の田中に、二人きりで何回か会って中国問題をブリーフィングした。その後、田中が通産大臣に就任すると、早坂が再びやって来た。

「世間の人はみんな角さんは外交のことは何も知らんと思っているから、田中外交ということで出せるようなものとして、そろそろ書いたものを欲しい」

橋本恕

1972年1月、橋本は報告書を田中に提出した。通称、橋本リポートである。

「何と言っても日本の外交を考える時に、第一に考えなければいけないのは安全保障です。国際情勢を考えると一番大事なのはアメリカ。それ以上とは決して言わんけれど、それに近い重要性を持つのは中国だ。

日本が中国と国交正常化して、全面友好関係を結んだことによって、プラスが多いかマイナスが多いか。その場合、アメリカとの関係がどうなるか、ソ連との関係がどうなるか。東南アジア諸国はどうだろうか。

結論として一言で言えばね、中国とそれまでの関係を打破して、全面友好関係を結ぶことによって、強い反対をしたり、あるいは邪魔したりするような国は、恐らくいないだろう。少々嫌みぐらい言われることはあるかもしらんけれど、気にすることは全くない」

早坂の話では、「角さんは一生懸命縦棒ひいて、熱心にひっくり返して読んでいた」という。橋本リポートは、田中の日中国交正常化にかける動きを加速させた。

## 大平正芳の外交戦略

1972年7月7日、田中角栄内閣が誕生した。決断と実行を掲げた田中は、この日、こう発表した。

「中華人民共和国との国交正常化を急ぎ、激動する世界情勢の中にあって、平和外交を強力に推進していく」

外務大臣に就任したのが、田中の盟友、大平正芳である。

大平は1910年、香川県の中農の家に生まれた。東京商科大学（現一橋大学）を卒業後、大蔵省に入省。戦後、自民党の衆議院議員となり、池田内閣では官房長官、外相を歴任。吉田―池田に連なる「保守本流」の嫡子《ちゃくし》だった。若き日キリスト教の洗礼を受け、哲学書を読みふけった大平は、独自の哲学を持った政治家であった。

日中国交正常化は、多くの人々に田中角栄の業績として記憶されているが、実際、訪中への段取りは、大平外相のもと外務省の中国課長・橋本恕を中心に進められていく。

森田一

7月7日、組閣の日、大平は橋本を呼び出した。

橋本はそれまで、大平から何度も電話をもらい、中国政策について意見を述べていた。

この七夕の日は、橋本には鮮明な記憶がある。大平の初登庁と同時に、橋本に声がかかった。

「すぐに来てくれ」

大臣室に入った橋本に大平は告げた。

「ゆうべ、実は田中とじっくり国内政治、それから外交問題を話し合いました。結論を言えば、日中国交正常化のための話し合いをできるだけ早くやりたい。二人ともこういう意見で一致した。すぐ準備に取りかかってくれ」

ただし、極秘で、局長にも言うなと釘を刺された。吉田健三アジア局長を飛び越えて、大平―橋本のラインで国交正常化への下準備を始めようというのだ。

大平が中国政策に関心を持ったのは、田中よりもずっと早い。

1964（昭和39）年、外相の大平は国会でこう述べていた。

「北京が世界の祝福を受けて国連に迎えられるようになれば、日本としても北京との国交正常化を図るべきである」

大平の外交政策を支え続けたのが、第一秘書の森田一《はじめ》である。１９３４年香川県坂出市に生まれ、東京大学法学部卒業後、大蔵省に入省。大平の娘と１９６１年に結婚した。池田内閣での大平の外相就任と同時に秘書に抜擢された。

「大平の頭の中では、昭和39年に外務委員会で将来の日中国交正常化の話をして以来、ずっと、どういう変化があったら、どういうふうにしようかと考えておった。中ソの対立を冷静に見ておったんですが、キッシンジャーの訪中はある意味で予測したことが起こったということで、日中国交正常化のメルクマールという感じだった」

ニクソンショックの直後、１９７１年９月１日、大平は宏池会議員研修会のスピーチで「潮の流れを変えよう」と訴えた。大平は対米関係の改善とともに日中国交正常化を目標に掲げ、こう述べた。

「中国問題に決着をつける時機がいよいよ熟成したと判断する」

１９７２年７月、満を持しての田中内閣での外相就任。大平は外務省では橋本中国課長に頼ったが、もうひとつの外交ルートを同時に動かしていく。

ＬＴ貿易で高碕の後を継いだあの古井喜実である。

古井は戦前、内務官僚の時代に、大蔵省主税課長だった池田勇人のもとに遊びに来ていて、大平と知り合った。戦後、衆議院議員となった古井。大平は「古井さんの中国に関する情報は詳しい」と全面的な信頼を寄せていた。森田によれば、「日中国交正常化自体をすべて古井さんに賭けたみたいな」感じだったという。

外相就任当初、大平の一日は、古井と橋本、二人を軸に動いていた。

「お昼に橋本さんを呼んで、『君だけ来てくれ。局長とか次官を連れて来ないでくれ』。橋本さんと丸一日話をして、夜は栄家という新橋の料亭で、古井さんが待機して、昼間、橋本さんと話し合ったことを全部古井さんに確認した。翌日にそれを元にして橋本さんと話した。そういうことが4～5日続いた」

その後、橋本が「私も組織の人間ですから、大臣と二人だけでは限界がある」と言いだして、外務事務次官の法眼晋作《ほうげんしんさく》を委員長とする形になった。法眼は台湾派であったが、大平に説得された。

8月2日、外務省の局長以上の幹部が集められ、「中国問題対策協議会」が開催された。大平は初会合で、「国家百年の計を決めることになる問題なのだから、どんな見落としがあってもいけない」と夏休み返上で取り組むよう督励した。12日までに4回の会合が開かれ、橋本課長や高島益郎《ますお》条約局長らがリードしていった。

しかし、自民党の日中国交正常化協議会の常任委員会では、賀屋興宣《かやおきのり》、藤尾正行、渡辺美智雄ら台湾派が大平にかみついた。森田によれば、大平は粘り強く説明した。

「佐藤栄作政権の直後ですから、台湾派の方が全然大きい。いわゆる親中国で目立った人と言えば、大石千八《せんぱち》さんとかごく少数です。みんなだまっている。親中派の人は発言しない。

反対派はわあわあ言う、そういう状況です」
自民党内では、親台湾派が依然として強い発言力を維持していた。そんな中、高碕、松村に連なる親中派は、水面下で動いていた。

## 古井喜実の秘密交渉

その中心人物が、古井喜実である。実は、古井は田中内閣成立の1年以上前から、ポスト佐藤をにらんで、日中の橋渡し役を積極的に続けていたのだ。日本学術振興会外国人特別研究員の鹿雪瑩《ろくせつえい》が、京都大学に寄贈された「古井喜実文書」を読み込み、その詳細を明らかにしている（『古井喜実と中国』）。

１９７１年3月に中国卓球団が来日し、４月23日、王暁雲《おうぎょううん》副団長と大平は東京の料亭で会ったが、この会談を斡旋《あっせん》したのが古井だった。すでに田中政権誕生を予測していた古井は、大平に「田中を助けて日中復交をやってくれないか」と説得。大平は「ぜひそうする」と快諾した。

この頃の大平の動きをつぶさに伝えるメモが、２０１２年に公開された。１９７１年から80年まで10年にわたって書き継がれた12冊の大平メモである。大平正芳記念財団が所蔵し、獨協大学教授の福永文夫によって全貌が明らかにされた。小さな手帳の左側には　週間の予定が、右側には検討課題が書き込まれている。

公開された12冊の大平メモ

王暁雲との会談の後、大平はこの手帳にこう記した。

〈中国問題—急グベシ。中国ハ私ヲ求メテオル〉

その後、１９７１年の11月から72年の４月にかけて、古井は、中国問題に関する研究会を組織し、腹案をまとめた。古井は、１９７２年２月頃から大平と会って意見交換したうえで、４月21日に田中と三人で秘密裏に会談し、日中国交正常化に取り組むことで合意した。

ここに高碕、松村ら自民党親中派が築いてきた中国とのパイプが、古井によって大平・田中ラインへと受け継がれていく。

５月18日、古井は周恩来の招きで訪中する。この時、古井は、中国はすでにアメリカとの関係改善に入っているので、日本との復交を急ぐ必要はなく、国交正常化は早くても１９７３年以降になるだろうと予測していた。ところが、周恩来との会談で、中国が積極的で、しかも急いでいることがわかった。そこで、古井は周恩来にこう告げた。

「十中八、九分佐藤内閣の後には田中内閣が生れる。その時は間違いなく、外務大臣は大平氏である。このような田中・大平のコンビが実現したら、必ず日中問題をやる。その積りでおってもらいたい」

2週間の訪中で古井は国交正常化への道が開かれるとの確信を持った。

帰国後の6月9日、古井は栄家で大平に会っている。大平はメモに記した。

〈〔Furui〕

急イデオル——出来ルダケ早ク、且《かつ》慎重ニ〉

大平は、中国側が国交正常化を急いでいることを古井からの情報でつかんだ。

ただ、国交正常化の実現にはいくつか乗り越えなければならない課題があった。大平の秘書森田一によれば、そのひとつが中国からの賠償請求だった。

「国交正常化問題を取り込むにあたって、まず賠償があるんだったら、正常化交渉は無理だと大平は考えていたから、賠償があるかないかだけは特に取り出して、先に確認して、絶対に賠償は、中国は請求してこないという確信を持った上で、いろんな準備を始めた。だから賠償は、交渉の項目の一項目じゃない。前提です。もし賠償を請求して来るんだったら、これまで払った東南アジアに対する賠償の金額から言って、膨大な金額になるから、とても財政負担に耐えきれない。だから賠償はしてこない、賠償の請求はないということを確かめた上で、大平は動き出した」

大平は古井の情報から中国が賠償請求を求めてこない確証をつかんで動き出していた。

東洋学園大学教授の朱建栄《しゅけんえい》によれば、中国は1964年1月には日本への賠償請求権を放棄するという方針を決定していた。翌65年に訪中した宇都宮徳馬は共産党中央対外連絡部の趙安博《ちょうあんばく》から「中国は他国の賠償によって自国の建設を行おうと思っていない」と説明を受けている。古井もまた、賠償に対する中国の方針をつかみ、大平に伝えたのだ。

こうして大平は、外相就任前に、古井からの情報で日中国交正常化が可能との感触を得ていた。

田中内閣成立10日後の7月16日、大平は目白の田中角栄邸を訪ねた。メモには、〈竹入氏、古井氏　交渉ルート〉と記されている。公明党の竹入義勝《よしかつ》委員長と古井の二通りのルートで中国側と交渉することが、田中との間で話し合われた。竹入は田中が親しく、古井は大平が懇意であり、それぞれのルートで中国側の意向を確かめることになった。

大平は、外相就任と同時に森田に日記をつけるよう促した。「将来回顧録を書くときに参考にするため」だった。先に紹介した自らのメモとともに歴史の記録を残すという意識が大平にはあった。

森田一の日記は獨協大学教授の福永文夫によって研究が進められている。それによれば、7月16日、「秘密裡に総理と会談」し、中国問題などについて話し合ったという。「今後の政権運営は二人で相談してやろうということであった」。

一方、田中内閣成立への中国の反応は、素早かった。7月9日、周恩来は田中談話を歓迎する声明を発表、10日には、孫平化《そんへいか》を団長とする上海舞劇団を日本に派遣する。7月20日、藤山愛一郎主催の歓迎レセプションで、大平は孫平化と肖向前《しょうこうぜん》に会っている。22日には、大平は孫とホテルオークラで会談し、「一定の段階に至ったら政府首脳の訪中を実現したい」と述べ、孫は「歓迎する」と答えた。

大平は国交正常化への意思を固めつつあった。森田一の日記によれば7月25日の夜、古井と会談し、安保の問題を中心に議論した。さらに7月29日午後2時より、古井と会い、メモ帳に次のように記している。

〈○過去を清算し、両国が理解と信頼に立って、将来に向って善隣友好とアジアの平和を打立てたい。
○正常化の仕事は権利義務のとりまとめでなく、外交関係を樹立し、「理解と信頼」の出発点としたい。
○政府首脳の訪中より始まる。「率直且真剣に」やりたい〉
大平は孫平化が〈懇切に言って頂いておるので、孫氏と〉交渉したいと記した上で、〈交渉―何が起こるか判らない〉と記し、古井に〈その時は頼む〉とした。

この日、大平は森田に「古井先生はなかなか良い点を指摘するとの感想」を漏らしている

（森田一日記）。

古井情報によって国交正常化へと大きく踏み出そうとする大平。しかし、田中はなお慎重だった。８月１日のメモにはそんな田中への不満とも受け取れる言葉を残している。

〈（田中君）わざとものを割り切らない―ambiguity　→　off-Record〉

ambiguity あいまいな田中の言動。それは、自民党内の親台湾派への配慮とともに、田中自身、国交正常化がうまくいくかどうか、確信が持てなかったからだと考えられる。

田中は竹入を訪中させることを決めながら、出発の前々日、竹入が紹介状を書いてほしいと頼みにいくと、こう答えていた。

「おれは総理になったばかりだ。日中に手を着けたら、田中内閣は吹っ飛んでしまう。おれは日中を考える余裕もないし、今はやる気はない」（朝日新聞　１９９８年９月９日）

「決断と実行」をスローガンに掲げた田中が慎重で、「鈍牛」といわれた大平が積極的。二人は巷間《こうかん》のイメージとは異なる動きを見せていた。結局、田中は竹入を正式の使者として認めなかった。竹入は、日本政府の共同声明案もないまま、私案をもとに周恩来との会談に臨まなければならなかった。

## 賠償請求放棄の舞台裏

７月25日に公明党代表団を率いて訪中した竹入義勝は、27日から三回にわたり周恩来と会談。その結果を「竹入メモ」として、持ち帰った。

そこには日本側にとって重要な情報が記されていた。田中訪中に際し、中国が日米安保に触れず、戦時の賠償請求を放棄するというのである。日米安保については、すでに周恩来・キッシンジャー会談で、中国側もその意義を理解していた。

では、賠償問題はどうか。７月27日、周恩来は竹入にこう語っていた。

「毛主席は賠償請求権を放棄するといっています。賠償を求めれば、日本人民に負担がかかります」

この毛沢東の判断はどのようなものだったのか。外交部の丁民はこう説明する。

「賠償をとらないというのがはっきりしたのは、田中さんが来られる直前だと思う。共産党中央と国民との合同の宣伝要項が全国に発布されて、すべての所帯にいきわたるようにと政府の幹部たちがそれを読み上げて説明した。なぜ日本と国交正常化した方が中国にとって有利なのか、日本の軍国主義の復活を止めることになる。それから戦争賠償は、日本の国民の利益を考えてとらないんだと。

我々が伝え聞いたのは、毛沢東がドイツの例を挙げて、第一次世界大戦後ドイツが多額の賠償をとられたから民族復讐主義が出て、ヒトラーが現れて第二次世界大戦になった。日清戦争の後、中国政府が大きな賠償額を払わされて、中国の国民が非常に苦労した。

日本から賠償をとると、それは日本の政府が払うけれども、国民の税金で払うから、日本の国民に同じような苦労をさせてはいけない。戦争を犯したのは、日本の国民ではなくて日本の軍国主義だ。だから日本の軍国主義者と国民とは分けて考えるべきだ」

では、毛沢東の指示に基づいた宣伝活動は中国民衆にはどのように受け止められたのだろうか。

田中訪中の1ヵ月前から上海で宣伝活動に従事した人物がいる。現在、上海国際問題研究院副主任研究員の呉寄南《ごきなん》である。当時、紡績企業の党委員会で宣伝担当のメンバーだった呉は、1972年8月の半ば、上海市内で日中の政治和解のためのキャンペーンに参加した。党中央が作成した「内部宣伝要綱」に基づき、9月14日には上海で1万人の集会が開かれた。

「まだ戦争体験者が大勢いました。特に40代、50代の中堅幹部、古参の労働者のほとんどが戦争の経験者。最初、賛成は半分ぐらいでした。『毛沢東主席なら間違いない。必ずそうしましょう』という意見がある。一方で反発もありました。『二度と日本人に騙されぬように、ぜひ上層部に報告してください』」

一部の参加者は、涙を流しながら、訴えた。

「住まいも日本軍によって焼き尽くされ、家族も何人も殺された。永遠に忘れてはいけない。いま、感情的でなかなか受け入れられない」

呉によると、日本からの賠償金に期待する声もあったという。

「日本は多額の戦争賠償をするかもしれない。日本の賠償によって、みんな給料があがるかもしれない。おそらくカラーテレビがすべての家庭に入るのではないか」

こうした声を上層部に報告する時、呉は本当に困ったという。上層部からは、彼らが納得するまで繰り返し、説明するように指示された。その説得はこんなふうだった。

「戦争は一握りの軍国主義者が仕掛けたものです。日本国民も被害者です。日本国民も我々と同じように平和を望んでいます。

今は国際情勢が非常に複雑です。特にソ連が拡張的な立場をとっている。中国にとっても日本にとっても大きな脅威ですから、我々は共同でソ連の帝国主義の侵略を防ぐことができます。それは毛沢東主席の決断。それは毛沢東の革命路線。我々は従わなければならない。

賠償については、中国はいかなる国からの資金援助もいらない。自力更生の方針で自分の国を建設しなければならない。そして蔣介石は、すでに20年ほど前、戦争賠償を放棄しました。もちろん蔣介石は決して7億の中国国民を代表するわけではない。しかし国民党が放棄した以上、我々、共産党は戦争賠償にこだわる必要はない。戦争賠償は、日本国民の負担ですから、日中友好がなかなか実現できません」

毛沢東・周恩来が民衆を説得する際の論理は、「二分論」と呼ばれる。「軍国主義者」と「日本人民」を分け、戦争は軍国主義者が行ったものであり、日本人民は中国人民同様、軍国主義の被害者であるとする。従って、民衆に負担を強いる賠償は望ましくないというものである。裏返せば、戦争を遂行した軍国主義者の責任は決して許されない。

中国がA級戦犯を祀《まつ》った靖国神社への閣僚の参拝に抗議する背景には、こうした歴史があることを理解しなければならないだろう。

賠償問題は毛沢東・周恩来が決定し、その威令のもと、短期間で宣伝活動が行われた。しかし、国民の合意形成は決して十分ではなかった。そのため毛・周というカリスマ的指導者が亡くなると、やがて個人賠償を求める声が上がるようになっていく。

## 決断を促した「竹入メモ」

話を竹入訪中に戻そう。

8月3日、竹入義勝は帰国し、翌4日、首相官邸で田中首相と面会。周恩来との会談結果を8つの項目のみ記した紙を示した。遅れてきた大平は、田中から紙を取り上げ、読み終えた後、ポケットに入れて「あとは首相の決断だけだよ」と語ったという。

8月5日、竹入は、ホテルニューオータニに再び田中を訪ね、罫紙《けいし》56枚におよぶ会談記録を手渡した。時間をかけて読み終えた田中はこう漏らした。

「いままではいろんな情報がきたが、どれもこれも根拠がはっきりしなかった。こういうふうに書いてくれればわかるんだ。行くよ。大したもんだな、周恩来という人物は」

竹入メモは、それまで慎重だった田中を訪中へと決断させる決定打となった。ただ、その受け取り方は大平との間で温度差がある。

秘書の森田一は大平がぽろりともらした言葉を覚えている。

「別に珍しいことは何もなかったよ。自分が古井さんを通じて、橋本さんを通じて確かめたこと以外に新しいことは何もなかった」

森田は竹入メモの意義をこう語る。

「大平にとっては、竹入メモは、別に新しいことはないという感じだったでしょうけれども、なかなか決断できなかった田中さんは、竹入メモによって、大平君の言うようにこれは間違いなく大丈夫だと確信を持ったと思う。だから、田中さんにとって竹入メモは大きな存在だったと思う」

竹入メモは田中の決断を促したことで重要だが、同時に、外務省幹部にはじめて国交正常化が現実になりうる見通しを与えた。大平は、「極秘事項として大臣限りの扱いとする」（森田一日記）として、竹入メモを持ち帰り、外務省のアジア局中国課と条約課に検討を命じた。

中国課長の橋本恕は竹入メモを読んだ時、「これなら日中国交正常化は、やってやれないことはないぞ、ひょっとしたらうまくいくかもしれんという、一縷《いちる》の望みが出て来た」という。橋本にとっては、何より日米安保批判が出てこないことが衝撃だった。

「感銘を受けたのは、米帝国主義どころかアメリカのアの字も出て来ない。完全にね、日本の悪口、アメリカの悪口がぴたっと止まるわけですよ。これが大きな点です。大変重要な点だと思う。つまりそれまで日米安保体制絶対廃止と非難攻撃していたが、これがいつの間にかぴたっと止まるわけです。

これでね、深刻なショックを受けまして、これなら（国交正常化は）行けるかもしれん、と」

条約課長の栗山尚一も「周恩来総理の考え方が正確に一番よくわかった」と評価する。栗山によれば、大平が竹入メモを事務方に下ろした時、橋本は「難しい法律的な問題は全部条約局にまかすから、条約局の方で検討してくれ、俺は政治的なことは引き受けてやる」と語り、ある種の分業が条約局とアジア局との間で出来たという。

## 尖閣諸島に触れる必要はない

竹入メモは、もうひとつ重要な情報をもたらしていた。尖閣諸島の領有権である。

7月28日の竹入との会談で、尖閣諸島について周恩来はこう述べていた。

「尖閣列島の問題に触れる必要はありません。竹入先生も関心がなかったでしょう。私もなかったが、石油の問題で歴史学者が問題にし、日本でも井上清さんが熱心です。この問題は重く見る必要はありません」

井上清は京都大学名誉教授で、尖閣諸島の歴史的経緯を調べ、明代から中国領だったと主張していた。しかし、周恩来は交渉で触れる必要はないというのである。アメリカと尖閣の領有権の交渉で時間を費やしてきた栗山にとって、これは願ってもない情報だった。

「周恩来総理は、尖閣の問題は今回の正常化の交渉では取り上げないでいいと非常にはっきり言われた。私どもも読んで非常に安心した。なぜかと言いますと、中国側がもしこの問題を正常化交渉の一つの取引材料として議論したいというと、大変紛糾する。領十の問題はなかなかお互いの立場、メンツがありますから、いったん議論を始めると妥協は難しい。ですから中国側が正常化交渉でやるつもりがない、この問題は横に置いといて、あとで出て来ますけど、いわば棚上げしといてですね、正常化をやろうじゃないかということが非常によくわかった。

それで我々条約局は、これは非常にいいと。この問題を議論していると、お互いにまとまらないんだから、日本も曲げられないし、中国側もいったん議論を始めたらそう簡単にやめられないだろうから、議論しないということは日本にとって非常に有利な話です。日本は実際に島を支配しているわけです。沖縄返還が事前に実現して施政権ごとアメリカから日本に返されているわけですから、日本にとっては非常に有利です」


では、外務省は尖閣諸島について、どのような方針でのぞもうとしていたのか。

外務省中国課では１９７２年７月10日に「日中間の懸案事項」と題する極秘文書をまとめている。そこには「尖閣諸島領有権問題」について、次のように記されていた。

「中共は1971年12月30日以来、尖閣諸島に対する領有権を公式に主張しはじめたが、わが政府としては、同諸島がわが国の領土であることは議論の余地なき事実であるので如何なる国の政府とも同諸島の領有権問題につき話し合う考えはないとの立場を堅持している」

この文書を橋本元中国課長に見てもらった。「私が知らないはずがないわな」といいつつ、「記憶にない」という。当時の外務省の領土問題に対するスタンスを尋ねると、橋本はこう語った。

「日本と中国との間に領土問題はありませんよ。……私が6年、中国課長をやっていた間に尖閣諸島の疑念、日本の領土だという点に疑念が示されたという話は知りませんね」

外務省としては、尖閣諸島は日本の領土であり、いかなる国とも話し合う考えはなかった。さらに竹入メモで、周恩来も尖閣について話し合う考えがないことが確認された。森田一はこう証言する。

「尖閣については中国も日本側も問題にしないと大平は思っていたし、古井さんからもそう聞いていたと思います。……尖閣は日本も言わないだろうし、中国側も言わないし、そんなことはもう常識だという感じだったと思います」

こうして、田中訪中前に、日中間には、尖閣諸島については話し合わないという暗黙の了解が成立していたのである。

## アメリカの了解　台湾への説得

大平は、北京訪問にむけ急ピッチで準備を進める一方、アメリカの了解を取り付けるべく動く。すでに日中の接触については外務省からアメリカ側に報告されていた。これを受け、キッシンジャー大統領補佐官が日本に派遣され、8月19日、大平との会談が行われた。龍谷大学研究員の倪志敏《にいしみん》の研究によれば、この時大平は次のように語っている。

「日本が中国問題について踏み込みすぎているのではないか、あるいは急ぎ過ぎているのではないか、と訝《いぶか》り始めている米国の姿勢は驚くに値しないが、日本政府は我々自身の手で問題を解決するべき時がやってきたのだと考えている」（倪志敏「田中内閣における中日国交正常化と大平正芳」）

倪はこの発言を「対中自主外交への推進を告げた」と評している。

対米従属から自立への志向が、大平にあったのだろうか。

秘書の森田一によれば、大平は「アメリカへの甘え」という言葉で語っていた。

「国際間の相互依存は非常に深まってきている。しかし相互依存と過去に見られた日本のアメリカに対する甘えは両立しない。相互依存が深まれば深まるほど甘えをなくしていかなければいかんという考え方だった」

——逆に言えば自立外交という印象を受けますが？

「イーコールパートナー、対等の関係という目標が念頭にあって、絶えずそちらに向かって努力しなきゃいかんという感じです」

事実、大平は8月11日、日米協会主催の昼食会で、こう演説していた。

「戦後の、いわば保護者と、被保護者との関係から発展して、ようやくパートナー同士の関係を志向する新時代に踏込んだ。したがって、これまでのように漫然と、なにごとによらず米国に甘え、または依存するということであってはならない」

森田によれば、大平はアメリカ一辺倒の外交を見直す必要を感じていたが、ニクソンショックで、さらにその思いを深くしていたという。

8月31日、9月1日、ハワイでニクソン大統領と田中首相が会談した。ここで日米安保体制の堅持が確認されるが、議論となったのは台湾をどうするかだった。

田中は訴えた。「日本としては台湾との経済的交流は続けて行きたいが、日台間の国交関係は消滅せざるをえないと考える」

しかし、ニクソンは蔣介石を「説得するのは容易な業ではない」として、「ひとつの中国」についての見解を求めた。この時、大平は「台湾は中国の不可分の一部」という北京の主張を理解し尊重するが、「中共の領土とは認める立場にない」と発言している。

9月1日、共同声明では、日米安保条約の維持を再確認し、田中訪中が「アジアにおける緊張緩和」を促進することを希望するとされた。日中国交正常化と日華平和条約を終了させることにニクソンの了解が得られたことは、大平にとって大きな成果だった。帰りの車の中で好きな『夜霧の第二国道』を口ずさんだという。

ただし残された難しい問題は、断交する台湾への説明だった。この損な役回りを託されたのが自民党副総裁の椎名悦三郎《えつさぶろう》である。椎名は特使として田中の親書をもって9月17日、訪台したが、車はデモ隊に囲まれ、つばを吐きかけられた。蔣介石には面会できず、19日に行政院院長の蔣経国と会談した。椎名は自民党の決議を引用し、日本の方針を次のように説明した。

「特に『中華民国』との関係は深いので、『従来の関係』をそのまま維持することを念頭において、日中正常化の審議に臨むべきであるという表現がある。最後の最後までもめた点で、『従来の関係』とは外交を含めた意味である」

これでは、台湾との外交関係は維持されるかのように受け取られる。同行した当時、外務参事官の中江要介によれば、蔣経国は「もう台湾と断交するつもりでしょう、ということを暗に匂わせながら」、椎名との会談を「いかにも話ができたかのような格好で終わらせ」たという（中江要介『アジア外交　動と静』）。

話はそれるが、田中首相はハワイ会談で、のちに政治生命を危機に陥れる秘密交渉を行っている。防衛庁の次期主力戦闘機F-15と対潜哨戒機P3Cの導入を約束し、報酬として5億円を受け取ったのだ。いわゆるロッキード事件の発端もまた、このハワイ会談にあった。

### 高碕の遺影が北京に

ニクソン政権のお墨付きを得て、大平は田中訪中へ向けて、最終調整にはいる。

8月25日の大平メモにはこう記されていた。

〈◎歓迎宴ニオケル田中ノ挨拶―基調演説
（七日間ノ日程―古井ノ訪中ニヨル）
（会談内容―ツメルコト（先方トヤル））
コムニケノ内容〉

つまり、古井を再び訪中させて、日中の共同声明（コミュニケ）の文案をつめようというのである。

ただし、同じ頃、小坂善太郎を団長とする自民党の訪中団も準備を進めていた。田中政権の成立後、小坂を会長とする自民党の日中国交正常化協議会では、推進派と台湾擁護派との間で激論が交わされた。その結果、椎名が蔣経国に説明したように、台湾との従来の関係が継続されるよう十分配慮の上、中国と交渉することになった。これを受け、小坂訪中団が組織されたが、そこにはタカ派の議員も含まれていた。

自民党にとって、田中訪中前の事前折衝は、小坂訪中団の役割であった。もう一つの訪中団が存在することは許されない。そこで古井の訪中は、表向きは覚書貿易の交渉とされた。

この時、古井と田川誠一《たがわ》、松本俊一《しゅんいち》に同行したのが、LT貿易事務所の金光貞治だった。金光は自身が同行した理由をこう説明する。

「大平さんの依頼で古井、田川二人が行ったら、カリカリしている台湾系がそれはだまっておらん。覚書の話で行くとカモフラージュをしよう。古井、田川、松本、私の四人で覚書の話という名目で行った。特に私がついていくことによって、覚書交渉と表だって言えるわけです。だから、文句の言い様はない」

しかし、古井の本当の目的は「大平さんの依頼で国交回復の交換文書の、てにをは点まで詰めること」だった。

9月8日夜、大平は古井に会って、外務省が用意した日本の日中共同声明案要綱を渡した。

翌9日。古井らは日本からのはじめての直行便で北京空港に降り立った。タラップを降りる時、金光が手にしていたのは、高碕達之助の遺影だった。

「高碕さんが、本当に難しい時代を一生懸命切り拓いて来られた。もう恐らく国交回復は大丈夫だろう。高碕さん見ておいてください」

金光は高碕の遺影にそう語りかけたという。

## 古井・周恩来会談が訪中を準備した

9月10日、古井はまず外交部顧問の廖承志の自宅を訪ね、日本側の共同声明案を説明した。その要点は以下の通り。

○共同声明の前文で、日本は、過去の戦争に対して、深く遺憾の意を表明する。

○中国を唯一の代表政府と認め、直ちに外交関係を結ぶ。

○台湾は中国の領土の一部であることを、日本政府は十分理解し、尊重する。

すぐに毛沢東と周恩来に報告され、9月12日夕方から、周恩来との会談が人民大会堂で行われた。周恩来は古井を評価した。

「貴方は、決して表に出られることなく、中日両国の関係改善に奔走されておられました。中日両国の影武者とは、正に古井先生のことです」

周恩来は、その上で席を改めて、中国側の立場を説明した。

金光は書記をつとめたが、「周総理が笑うというところまで全部書け」と命じられた。

周恩来が語った要旨は古井の回想（古井喜実『日中十八年　一政治家の軌跡と展望』）によれば、次の通りだった。

○戦争状態の終結についての表明は、中国側の考えとぴったり合わない点がある。

○復交三原則に対して日本側の総括的な態度表明が望ましい。

○日華平和条約廃棄問題については、日本政府が一方的措置をとるという考え方には同意してもよいが、日本政府はいつどこで、どういう形での表明を考えているか。

中国側が主張する「復交三原則」とは次の三つである。

①中華人民共和国政府は中国を代表する唯一の合法政府。

②台湾は中国の領土の不可分の一部。

③日華平和条約は無効で破棄されるべきである。

そして、共同声明の前文、本文を問わず、田中、大平との会談で煮詰めることになった。共同声明の基本方針はこの時、日中間で合意したと言って良い。金光にはいつになく力の入った古井の姿が印象に残っている。

「古井先生も一生に一度の男の仕事だったのでしょう。我々が一緒にいても、気迫が違いました。椅子に座ってない。一番端まで出て話をする」

古井喜実

特に記憶にあるのが、古井が念を押した時のことだ。

「古井さんが『周総理、これでようございますか』と念を押したことで、周総理以下の中国側の面々が色めきたった。しばらくして最後にもう一遍言った。そしたら、ついている中国の偉い人が、『古井先生、それは失礼じゃないか。周総理が一度ＯＫされたものを、念を押すことはないでしょう』と言った。

失礼を顧みず、古井さんとしては、もう一度確かめたかったんでしょう。だけど中国側にとっては、周総理は神様みたいだから……」

古井は周恩来から取り付けた合意をただちに大平に報告した。

同じ9月12日の大平メモには次のように記されている。

〈前文3点ＯＫ　会談の時表現打合

本文　８項目　基本的に合意

但し戦争状態終結についての問題提出の仕方

復交三原則に対する態度表明

日本と台湾との外交関係を打ち切ることを如何に表現するか

双方の案が未だ距離がある（中略）

いくつかの文章の書き方についても進んで検討する要あり

以上の諸点は両国首脳会談の折、互に相談して、円満な解決を求められると考える。

中国―古井氏に話した。同時に上述の意見が肖向前氏を通して大平外相に伝えることも言い渡される〉

周恩来との会談結果の要点が的確に古井から大平に伝えられている。そして、残された課題もまた明らかになったが、それは田中訪中時の首脳会談で解決できるという見通しも得られた。この日の古井・周恩来会談が国交正常化にいかに重要であったかがわかる。

これほど大切な仕事を果たしたにもかかわらず、古井はあくまで黒子であることを求められた。

9月14日に自民党の小坂訪中団が北京に入ると、接触を避けるため、古井は中国東北部に旅行に出かけた。19日に北京に戻った古井だが、小坂訪中団に同行してきた橋本中国課長から、大平からの伝言として、田中訪中時に古井が北京にいることは自民党内に刺激を与えるので、小坂訪中団が帰国する時に一緒に帰ってほしいと伝えられる。さらに、22日夕方、大平外相から暗号電報が届く。

「重要な任務、ごくろうさま。あとの交渉は、首相訪中後に政府が行う」

続いて22日夜、外務省から北京の日本覚書貿易事務所に暗号電報が入った。

「田中首相一行の北京滞在中、古井ら二人は別行動をとってほしい。これは党内への配慮にもとづくものである」（鹿雪瑩『古井喜実と中国』）

田中、大平にとって最も頭の痛いのが、自民党台湾派の存在だった。

古井は無念の思いを回想している。

「党内の焼き餅と外務官僚の面子意識から私を排除したい空気が強く、田中・大平両氏も、もうこの上用はないと思っている様子に響いてきたので、少々腹の虫が治まらなかった」（古井喜実『日中十八年』）

こうして古井は9月24日、全日空の特別機で帰国した。ただちに大平に会って、中国側との話し合いの内容を伝えた。その際、前文の中に「過去の戦争に対する反省の項目が落ちていた」ので、「是非入れるべきだ」と言った。

翌25日、田中首相、大平外相らが北京空港に降り立つ。古井は歴史の晴れ舞台に同席することを許されなかった。

周恩来の通訳をつとめた林麗韞《りんれいうん》は、古井の交渉は、日中国交正常化の「楽譜で言うと前奏」だったという。周恩来は常々「民で以て官を促す」と語っていた。半官半民の貿易から政府関係の正常化に持っていく。松村、高碕のＬＴ貿易を引き継ぎ、田中訪中へと開花させた古井の役割は大きかった。

そして、周恩来が国交正常化の先に見すえていたのは経済交流だった。

実は5月下旬に訪中した際、古井は周恩来からこう告げられていた。

「古井先生、これからは経済をおやりなさい」

「いや、私は経済のことは何も判らないし、全くの無能力者ですよ」

「まあ、よく考えてごらんなさい」

謎かけのような周恩来の言葉。その意味をはかりかねていた古井は9月20日、すべての交渉が終わった時に、周恩来にその意図を改めて尋ねた。

「両国は国交を回復する。そのあと大事なのは経済の交流である。あなたの先輩は、村田省蔵氏や高碕達之助氏はもとより、松村先生にしても経済の交流に尽力された。あなたも、これから経済のことに尽力して下さい」

古井は、5月の段階でそこまで見通していた周恩来に敬服するほかなかった。そして、後年こう綴《つづ》っている。

「日本外交は後手にばかり回っている。これが日本の政治の実体である。なぜこうなのだろう。真面目に考えて見なければならない」（同前）

## 周恩来の準備・大平の覚悟

田中訪中を前に周到に準備を進める周恩来。しかし、病魔が忍び寄っていた。

1972年5月、膀胱《ぼうこう》癌が見つかったのだ。当初、毛沢東は検査を許可したが、治療は許さなかったという。周恩来は癌を抱えたまま激務に耐えていた。

周恩来は、「通訳者がいなければ発言者には口がないのと同じである」と通訳の仕事を重視した。田中訪中で二人の中国女性を通訳に起用している。王效賢と林麗韞である。

林は田中訪中の直前、周恩来から叱られた経験が忘れられないという。

当時、周は明け方に少し休んで、昼に目を覚ますと新華社が作成した参考資料に目を通すのを日課としていた。ある日の昼、田中首相の演説原稿が掲載された資料を手にした周恩来が、北京飯店にあった林の執務室にやってきた。

「林さんこっちにいらっしゃい。今日の田中首相の演説はあなたどう分析しますか?」

林は正直に「読んでいません」と答えた。

「なぜ読まないんですか」

「新華社のニュースは内部資料となっていますから、北京飯店のような対外賓館にはありません」

「誰も送ってくれないなら、なぜ自分で手に入れてみようと考えないんですか」

そう叱る周恩来の手にはびっしりとアンダーラインが引かれた資料があった。

すまないという思いでいっぱいの林に周はこう語った。

「あなたたちが自分で解決できないなら、私が解決方法を考えてあげよう」

その後、すぐに外交部から電話が入り、林と王は人民大会堂に転居を命じられた。3階には寝室が設けられ、秘密保護用の鉄の書棚を備えた閲覧室も作られた。林と王は泊まり込みで外務省の電報から新聞、新華社の情報まで目を通し、周恩来がいつ質問に来ても答えられるよう準備した。周恩来はスタッフをそろえ、田中訪中に臨もうとしていた。

こうして、米中和解の衝撃からわずかに1年、日中は国交正常化へ動く。この早い展開は、高碕、松村、古井ら自民党親中派が繋いできたパイプが機能したためだが、同時にその早さは台湾派の激しい反発を生んでいた。田中・大平は台湾派の反発をかわしながら、進めなければならなかった。そのことは北京での交渉にも影を落とすことになる。

訪中間際になると、大平の自宅には、脅迫状が投げ込まれ、連日右翼の街宣車がやってきて、スピーカーから大音量で罵声を浴びせた。当時10歳だった孫娘の満子《みつこ》は、家の雨戸を閉め切って、過ぎ去るのを待った（渡邊満子『祖父　大平正芳』）。

9月25日、訪中の朝、大平は、まずダミーの車を出し、数分後に別の車で羽田空港に向かった。見送った秘書の真鍋賢二に大平はこう語った。

「万が一、この交渉が不調に終わった場合は、自分としては日本に二度と帰ることができないかも知れない。またこの交渉によってどんな危険があるかも知れない。留守中のことはよろしく頼む」（真鍋賢二『私の見た大平正芳』）

午前8時10分、随員50人を乗せた日航特別機が離陸した。栗山尚一によれば、機内で、田中首相は「もう君たちに任す」「正常化できなければ、手ぶらで帰るのもちっとも構わんよ」と語った。栗山は「本心ではないだろう」と思いつつ、気が楽になったという。

午前10時40分、機内から陸地が見えた。

「あれが大陸か」

思わず漏れた大平の声。森田によれば、「昔中国にいたことのあるひとのみが持つ親愛の念がこもっている」と感じられたという（森田一日記）。
戦前、中国で暮らした大平。その体験は首脳交渉で活きることになる。

# 第4章

# 北京の5日間

日中国交回復のため中国を訪れた田中角栄・大平正芳と毛沢東。1972年9月

## 北京空港に降り立つ

1972年（昭和47）年9月25日午前11時30分、秋晴れの北京空港に日航特別機が降り立った。

戦後日本の首相としてはじめて、訪中を実現させた田中首相、大平外相、二階堂進官房長官ら54人。周恩来は、姫鵬飛《きほうひ》外交部長（外相）や廖承志らを従えて自ら空港に出迎えた。通訳を務めた林麗韞《りんれいうん》はタラップに近づく周恩来に小走りについて行った。

「本当に周総理は晴れ晴れとしたお顔をして、田中さんを歓迎しておられました」

林はその時、かつて病軀《びょうく》をおして訪中した元首相・石橋湛山を思い起こしたという。周恩来は帰国する石橋に「現役の日本の総理が来るのをいつでも北京の空港をあけて待っています」と告げた。とうとうその日が来たのだ。周恩来は「石橋先生に言った言葉が実現できたと喜んでおられる」と、林は思った。

実は田中首相も、訪中の3日前、病床の石橋を訪ねていた。訪中の日は奇しくも石橋の米寿の誕生日だった。「石橋先生、中国に行ってきます」と田中が語りかけ、手を握ると、石橋は少しほほえんだような表情を浮かべ、うなずいていたという。石橋は国交正常化を目にして、翌年この世を去る。

石橋、松村、高碕、そして古井が敷いたレールの上を田中と大平が歩もうとしていた。

しかし、古井による事前交渉によっても、なお詰め切れなかった課題は大きく三つあった。戦争状態終結の仕方とその表現。日中戦争の責任問題の表現、そして台湾問題である。

その日の午後、人民大会堂安徽《あんき》庁で第一回の首脳会談が行われた。

冒頭、田中首相が挨拶した。

「北京訪問をこれからの長い長い幕開けにしたいと思います。私は今度の日中国交回復を是非成功させたいと思います」

周恩来は「日中人民は世々代々仲よくしなければならぬ」と応えたが、日清戦争以来の侵略にも言及した。

「非常に不幸であったことは1894年より軍国主義によって侵略が開始され日本人民も被害を受けまして、それだから一部の軍国主義者と多くの人民を毛主席は区別している」（森田一日記）

周恩来は戦後、日中人民によって交流、貿易が続いてきた点を強調した。

会談が始まると、田中は、早速、台湾問題を切り出した。

「これまで正常化を阻んできたのは台湾との関係である。日中国交正常化の結果、自動的に消滅する関係（日台外交関係）とは別に、現実に起こる問題に対処しなければならぬ。これをうまく処理しないと、国内にゴタゴタが起こる」

続いて大平は台湾との「日華平和条約は国交正常化の瞬間において、その任務を終了したということで、中国側のご理解を得たい」と述べた。日本側の関心は、台湾問題にあった。これに対し、周恩来も「国交正常化は一気呵成《いっきかせい》にやりたい」としながらも、日華平和条約によって戦争状態が終結したとする、日本側の提案には「完全に同意できない」とした。

この後、日本側の記録では、周恩来は「日中は大同を求めて小異を克服すべきであり、共通点をコミュニケ（共同声明）に盛り込みたい」と述べている。中国語では、「求同存異」。共通点は求めつつ、相違点は残しておくの意である。「求同存異」は、その後も、周恩来の一貫した姿勢となっていく。

## ご迷惑発言の波紋

午後6時30分、人民大会堂宴会庁で歓迎の晩餐会が開かれた。700人を超える参加者の前で軍楽隊が「佐渡おけさ」、「金比羅船々」、「鹿児島おはら節」を演奏した。田中、大平、二階堂の故郷の民謡だ。この楽譜は東京で劉徳有が集めて持ち帰ったものだった。劉は、記者を田中の秘書・早坂茂三のもとに送り、田中の好物が「木村屋のあんパン」であること、汗かきで室内の適温が17度であることなど、細かな情報を集め、外交部に報告した。中国側は準備万端で田中を迎えていた。

周恩来の音頭で乾杯し、「君が代」が流れた。

ところが、そんな歓迎ムードは田中の挨拶で一変してしまう。

いわゆる「ご迷惑発言」である。

「過去数十年にわたって日中関係は遺憾ながら不幸な経過を辿って参りました。この間我が国が中国国民に多大なご迷惑をおかけしたことについて、私は改めて深い反省の念を表明するものであります」

挨拶が外務省の小原育夫によって中国語に訳されると、会場は異様な空気に包まれた。通訳の林麗韞は証言する。

「『ご迷惑をおかけした』と田中さんが言われたのを、『添了麻煩《ティエンラマーファン》』と訳した。そうしたら会場が、ザワザワっとさざめいてきたんです。『添了麻煩』は、うっかりして、水をこぼして女性のスカートを濡らしちゃった、ご迷惑をおかけしました、そういう感じじゃないですか。だから軽々しい。深刻に反省して、戦争の償いをするという気持ちが表れていない。日本が中国の人民大衆にあんなにひどい災害をもたらし、本当に大勢の人が死に、国も経済的に大きな痛手を受けたことに対してこんな言い方でいいのか」

林は「変な訳し方だ」と思った。近くにいた英語通訳の唐聞生《とうぶんせい》はつぶやいた。

「何でしょう、こんなに軽々と」

しかし、周恩来はその場では何も語らず、その日の晩餐会は終わった。通訳の周斌《しゅうひん》によれば、周恩来が去った後、残った人たちが宴会場の隣の部屋で議論したという。

「明日からの会談、どうするんだ」

「まず、いわゆる歴史認識問題から始めて日本側を説得するんだ」

外務次官で、後に外交部長にもなった喬冠華《きょうかんか》は激怒していた。

中国側の反発を呼んだ田中の挨拶。この日本語の原稿を書いたのは中国課長の橋本恕だ。この挨拶の意図を橋本はこう説明した。

「中国に対して日本の軍部が中国人を随分殺したり、あるいは苦しい目に遭わせたりしたことが戦争中、随分長いこと続いた。このことについては、いくら謝っても、いくら泣き叫んでも、これは誰が考えてもやるべきではなかった。

日本が他の近隣のアジア人に対して悲痛な経験を与えたということ、これはどんなに後悔しても後悔しすぎることはない。ただ、そのまま泣いていても仕方がない。やっぱり将来に向かって出来るだけ手を携える。その輪を広げて真剣に、謙虚な気持ちを持って協力を進めていく。今後、この努力は続けられてしかるべきであると私は思う。そういうことでしょう。私が言いたかったのは」

橋本は中央大学教授の服部龍二のインタビューで、日本人の大多数が中国と戦争をして敗けたと思っていない状況で、「日本民族の矜持《きょうじ》をなんとしても保てる努力がしたい」としてこの原稿を書き、田中も大平も修正しなかったと答えている。つまり、「日本国内の右派から批判されることを想定せねばならず」、「ぎりぎりの線で練ったスピーチ」だというのである（服部龍二『日中国交正常化』）。

この点について橋本に尋ねると、服部への証言を認めながらも、次の点を強調した。

「角さんは、謝るところ、悔い改めるべきところは改めたいという、非常にまじめな気持ちで申し上げげた」のだと。

実は田中自身が半年前、「ご迷惑」という表現で自らの戦争体験を語っている。3月21日衆議院商工委員会での答弁だ。

「私も昭和十四年から十六年の末まで、満州に兵隊として勤務をいたしておりました。……中国大陸にたいへんなご迷惑をかけたということはほんとうにすなおにそう感じております。日中の国交が復交せられるときの第一のことばは、やはり、たいへんご迷惑をかけましたと、心からこうべをたれることが必要だと思います」

田中にとってはかねて抱いていた気持ちを表現したと考えていいだろう。

大平の秘書、森田一によれば、この原稿に大平はタッチしておらず、その場で聞いて「あれ？」という感じだったという。

「中国側がちょっとざわざわっとなったので、田中さんのスピーチの中で問題になったなというのは、その時すぐ気がついたけれど、どういう問題かは、事後に説明を聞いて納得した」

森田によれば、その場に原稿の中国語訳は配付されていた。しかし、通訳の王效賢は、事前に原稿の交換は「なかった」と記憶している。

「もしあれば、全部私は事前に分かる。そうすると迷惑論はちょっと無理じゃないかと日本側に言うべきだったと思います」

通訳を担当した小原育夫は服部龍二の聞き取りにこう答えている。

「『ご迷惑をおかけした』という表現であれば、一般的に『ご迷惑をかけた』という〔中国語の〕表現を探してくるほかないわけですからね。したがって、それが大問題であるというような認識は、私はしておりません」（同前）

日本側は、橋本課長も通訳の小原も、「ご迷惑」という言葉が問題になると予測していなかった。しかし、中国側の反応は予想をはるかに超えていた。戦争をめぐる両国の認識の違いが露わになった。

## 周恩来の反論

あくる9月26日午後、第二回首脳会談で、周恩来は、一転して、厳しく日本側を批判する。

「戦争のため幾百万の中国人が犠牲になった。日本の損害も大きかった。我々のこのような歴史の教訓を忘れてはならぬ。田中首相が述べた『過去の不幸なことを反省する』という考え方は、我々としても受け入れられる。しかし、田中首相の『中国人民に迷惑をかけた』との言葉は中国人の反感をよぶ。中国では迷惑とは小さなことにしか使われないからである」

（石井明ほか編『記録と考証　日中国交正常化・日中平和友好条約締結交渉』）

田中首相は、次のように答えたという。

「『ご迷惑をかけたという言葉は、そんな軽々しい内容のものではない。ご迷惑をかけたという日本語の意味は、あなたが解釈しているような〝ごめんなさい〟という程度のものではない。わたしは、わたしの誠心誠意を込めて、申し訳ないという心情をそのまま表現した。……』

すると周総理は『ウーン』と低くうなっていたが、それ以上の要求は一切しなかった。それだけでなく、わたしがなおも訪中の意義を説明しようとすると、

『わかりました。言葉尻をとってあげつらうのはやめにします。言葉尻ではなくもっと重要な問題があるのだから、そっちへ早く入りましょう』

と話を切り替えてきた」（田中角栄「日中の課題は『信義』と両国民の『自由な往来』だ」）

この田中の発言は公開された日本の外交記録には、なぜか、ない。しかし、通訳の林麗韞は、この時の田中の姿を鮮明に記憶している。

「中国側に納得していただきたいという感じでね。やはり『ご迷惑をおかけした』にはずい

ぶん戦争に対する反省の意味も含めて、誠心誠意、謝罪している意味が入っているんですよ
と。一生懸命説明しておられましたね」

その後、周恩来は、この日午前中の第一回外相会談で高島益郎条約局長が示した説明について も批判を始める。戦争状態の終了と賠償の問題である。

高島局長は、日華平和条約第一条により戦争の終了が表明されており、中国側の主張する「共同声明によってはじめて戦争状態終了が成立する」という表現に日本側は同意できないとした。そして、賠償請求権は日華平和条約においてすでに放棄されていると主張していた。

これに対し、周恩来はこう反論する。

「蔣介石が賠償を放棄したから、中国はこれを放棄する必要がないという外務省の考え方を聞いて驚いた」

「蔣が放棄したから、もういいのだという考え方は我々には受け入れられない。これは我々に対する侮辱である」

台湾の位置づけと戦争状態終結をめぐって、日中の対立が露わになった。

周恩来は会談の最後に「『三光《さんこう》作戦』でひどい目にあった大衆を説得することができない」と述べた。「三光作戦」とは、日中戦争時、華北の共産党・八路軍の根拠地に展開された掃討作戦で、「殺光（殺し尽くし）、焼光（焼き尽くし）、搶光（奪い尽くす）」という中国語か

らきている。

先述したように、賠償の放棄について国民に説明する集会がなお進行中であり、これでは大衆を納得させることは出来ないと、周恩来は考えたのであろう。

首脳会談が暗礁に乗り上げたまま、遅い昼食となったが、大平は全く箸をつけようとしなかった。橋本恕の回想によると、大平と田中が次のような会話を交わした。

大平「国交正常化という話が壊れたままで日本に帰るわけにはいかんぞ」

田中「そんなことは心配するな。政治的全責任は総理であるこの俺がとる。君らは心配せんでもいい。だいたい君ら大学出はな、こういう修羅場というか、土壇場になるとだめだなあ」

大平「そんなこと言ったって、君ね、じゃあ明日からの交渉をどうするんだ。このままじゃ決裂だよ」（ＮＨＫ取材班『周恩来の決断』）

秘書の森田一によると、田中は大平に告げた。

「君たちは大学を出ているんだろ？　大学を出たやつが考えるんだ」

大平は気を取り直し、17時10分から始まった第二回の外相会談では、日本側の修正案をしめす。

「台湾が中華人民共和国の領土の不可分の一部である」という「中国の立場を十分理解し、ポツダム宣言に基づく立場を堅持する」というものである。この修正案は栗山条約課長が事前に準備していたものであった。

姫外交部長は「なんとかして解決しなければならない問題である」として再検討には応じたが、森田によれば、外相会談は中断に次ぐ中断だった。

「結局、それは周恩来の意向を聞かないと返答できないということで中断するわけです。そして周恩来の立場としては、あの時四人組がいますから、肝心な点は毛沢東の了承の下にこれを進めなければならない。周恩来も失脚する恐れがあるわけですね」

当時、文化大革命はまだ終わっておらず、周恩来と江青ら四人組との暗闘が続いていた。周恩来はこの夜も毛沢東と会議を行っている。毛の支持を取り付けつつ、交渉を進めなければならない難しい立場に周恩来は置かれていた。

この夜の外相会談は遅々として進まなかった。この後、大平の部屋に橋本、高島らが集まり細かい詰めの作業を行った。森田の日記にはその時の課題が記されている。

「結局戦争状態の終結が一番厄介な問題である。

賠償の請求は、いずれにしろ一方的なものである、がその意味はどうか。

実質的には相手方が再度要求しないことを相手方と合意するということを含んでいる。

従って権利の放棄は相手方が困るといえば当方は要求できるか」（森田一日記）

万里の長城へ　車中会談

こうした局面を打開するため、大平は一計を案じた。

訪中3日目の9月27日、一行は万里の長城の見学に出かけることになったが、大平はこう申し出た。

「万里の長城はいつでも見られる。姫外交部長と二人だけで話がしたい」

すでに1号車に田中と姫外交部長、2号車に大平と呉徳《ごとく》北京市長が乗っていたが、周恩来は急遽、姫と呉市長を入れ替えた。こうして、往復4時間の車中で会談が行われることになった。

後部座席で大平と姫の間に座って通訳を務めた周斌は、上海で健在だ。1934年、江蘇省に生まれ、北京大学東方言語学部日本語学科を卒業後、外交部に入り、活躍していた。

周斌は、流暢《りゅうちょう》な日本語でメモに目を落としながら、「車中会談」を再現した。

まず、大平が口を開いた。

「姫部長、私とあなたは同い年である。この2～3日二人が激しい論争をしている。よく考えれば、私たちの立場は少し違うけれど、目的は同じである。その目的は、なんといっても自国と、自分の国民の利益を守ることだ。この点は一致している。現在問題の焦点はいかにあの戦争を見るべきか、どう評価するかにある。率直に言って、私個人は中国側の見解に同意する。姫鵬飛部長の意見に賛成である。

私は大学を出て、大蔵省に入った。若き大蔵官僚として、上の命令で私は中国の張家《ちょうか》口《こう》、およびその周辺を3回に分けて1年10ヵ月、社会調査したことがある。ちょうど、あの戦争の一番激しい時期である。私の目で見たあの戦争は明白に中国に対する日本の侵略戦争である」

ここまで周斌の話を聞いて、私は思わず「侵略戦争と？」と聞き返した。

大平はたしかに「侵略戦争」と繰り返したのだろうか——。

周は自信をもって「侵略戦争」と言った。そして、大平の言葉を続けた。

「深く言えば、現在、我が日本は何も弁解する理由はない。ただ、これは私個人の見解に過ぎない。

しかし、現在私は日本国の外務大臣の立場で問題を見、発言をする必要がある。特に当面の世界情勢を考えると、私たちがそのまま文字の表現でそれを認めるのは難しい。一つ、日本はアメリカと同盟関係を結んだ。日米関係を考えなければならない。もう一つ、日本社会、自民党内の情勢も考えなければならない。そういう難しさから、完全に中国側の要求を受け入れて表現するのは難しすぎる。無理である。この点をもし中国側の理解を得られないならば、私たちは荷物を片付けて帰るしかない。

田中総理も、戦争の末期に徴兵されて牡丹江《ぼたんこう》に行った。しかし牡丹江に着いたら、病気で陸軍病院に送られた。彼は一遍も鉄砲を持ったことがないし、なおさら人を殺してもいない。しかし、彼はあの戦争に詳しい。あの戦争では私と同じ見解である。すべて中国の言葉通り、中国の要求を受け入れることは出来ないが、私と田中は最大の譲歩はするつもりだ。こういった心構えがなければ、彼も私も中国には来ません。来た以上は私と彼は政治生命を賭けて、必要なら肉体生命を賭けてこれをやり通す。これをぜひ周恩来総理に伝えてください。そのまま周恩来総理に報告してください」

周斌によれば、この時大平は少し涙を流したという。その姿に周は感動した。

「姫鵬飛さんも感動した。その言葉が終わったら、握手したんだから。私を真ん中にして二人が握手した」

姫外交部長はこう答えたという。

「よく分かりました。間違いなく周恩来総理に報告します。周総理も恐らく大平先生の立場、大平先生の考え方を尊重すると思います」

ただし、ご迷惑発言については受け入れることができないとしたうえで、こう伝えたという。

「私たち二人は同い年で、私たちはそれぞれの組織のリーダーなので、互いに自分の国家のために争っています。しかし、あなたの態度はとても良く、とても誠実です。あなたたちの立場と困難については、私が周総理に必ず伝えます。あなた方も納得で

周斌

き、中国人民も受け入れることができるよう、私たちは、互いに相応《ふさわ》しい一つの表現を探し当てなければなりません」（周斌『私が自ら見た、中日国交会談の裏側』）

車中会談で大平は自らの歴史認識を披瀝《ひれき》し、それは姫外交部長から周恩来にも伝えられた。この大平の対中認識の原点には、中国・張家口での自らの体験があり、それが、「侵略戦争」と言いきる背景になっていた。

大平は中国で何を見たのであろうか――。

## 大平の中国体験・阿片政策

北京の北、万里の長城のすぐ外側に位置する河北省・張家口。大平正芳がこの地に赴いたのは、1939（昭和14）年6月、29歳の時であった。1936年、大蔵省に入省し、仙台の税務監督局にいた大平。突然、上京を命じられ、張家口の興亜院連絡部への派遣を告げられる。興亜院とは、日中戦争での日本軍の占領地の政務・開発を指揮するため設けられた機関である。張家口は「夏は涼しく、冬は暖かいし、どちらかと言えば住みよいところ」と聞かされ、家族にも相談することなく、赴任を決めた。しかし、着いてみると、木がほとんど見えない土だらけ、水不足の田舎町で、「えらいところに来たものだ」と嘆息したという。

これより2年前、1937（昭和12）年に日中戦争が始まり、日本軍は中国北部に蒙疆《もうきょう》政権を樹立した。1939年9月には蒙古連合自治政府が設立され、徳王《とくおう》が主席となったが、実権は日本軍に握られていた。大平はその首都、張家口で中国への投資計画や物資動員を担当していた。

実は蒙疆政権は日本軍の財源にとって重要な産物を生み出していた。阿片である。

興亜院はこの阿片政策に関わっていた。しかし、大平自身は阿片について語っていない。戦後著した「内蒙回顧」のなかの一文がそれをにおわせるに過ぎない。

「『夏草やつわものどもが夢のあと』というのは芭蕉の句であるが、内蒙古の夏は、今でも青い草原にケシの花が咲き乱れていることであろう。内蒙生活の思い出は尽きないが、凡ては一場の夢であった」（大平正芳『財政つれづれ草』）

張家口時代について、大平の秘書・森田一に尋ねると、「これはちょっと言うかどうか問題ですけれど……」と前置きしてから、こう語った。

「張家口の時代の一番の仕事は阿片で軍費を調達していたので、それの管理だった。それは非常に申し訳ないことをしていると、もう苦痛の1年間だったので、軍部に対する反感もその時に非常に増したわけです。

というのは……特別会計――ちゃんとした予算がありながら、それとは全然別に阿片の売買によって軍費をどんどん調達するというのが軍の方針だった。それに対する反感がありました。反感と同時に中国の民衆、国民に対して申し訳ないという気持ちも非常にありました」

大平は、興亜院連絡部の経済課長を拝命した時、軍の中佐からこう告げられたという。

「貴方の一番大事な仕事は、阿片をいかにして広汎に売るかという問題です」

その時から大平に罪の意識が生まれた。1963年、大平は参議院外務委員会での答弁で語っている。

「この戦争（日中戦争）を通じて一つの罪悪意識というものを持っておる」

日中国交正常化にのぞむ大平の胸底には、張家口での体験から生まれた贖罪意識が秘められていた。

大平が張家口に赴いた頃、田中角栄は召集され、旧満州の富錦《ふきん》で兵役に就いていた。その後、田中はクルップ性肺炎となり、1941年内地に送還された。

二人はともに中国大陸で日本軍が何をしていたのか、身をもって知っていた。正常化交渉で中心となった二人が日中戦争の実態を知っていたこと。それは、人間対人間の交渉になった時、中国側から信頼を得ることにつながった。

事実、姫外交部長は周恩来に「大平という男は信頼していい政治家だ」と報告した。大平自身も秘書の森田に「どうだ、俺のアイディアは良かったろう」と語り、確かな手応えを感じていた。車中会談により、共同声明の表現がずいぶん固まったという。

## 田中角栄「尖閣諸島」発言の謎

９月27日午後、共同声明の案文をめぐって日中で事務方の協議が続けられた。それが終わると、午後４時20分から人民大会堂で第三回首脳会談が行われた。

周恩来が田中に語りかけた。

「万里の長城は如何でしたか」

「すばらしいものでした」

周「万里の長城は６千キロですが、日本列島改造の高速道路も６千キロで同じですね」

田中「いや９千キロですが、難しいところがあって、６千キロということになっているのです。万里の長城をみて日本列島改造が可能だという確信を持つことができました」（森田一日記）

第三回首脳会談の話題はもっぱら国際問題で、周恩来はソ連の脅威を強調した。

会談が終わりに近づいた時、誰もが予測していなかった発言があった。

公開された日本の外交記録は次の通りだ。

田中角栄「尖閣諸島についてどう思うか？　私のところにいろいろ言ってくる人がいる」

周恩来「尖閣諸島問題については、今回は話したくない。今、これを話すのはよくない。石油が出るから、これが問題になった。石油が出なければ、台湾も米国も問題にしない」

竹入メモで周恩来が「触れなくてよい」として、日本側も取り上げる必要がないとしていた尖閣諸島について、田中首相が発言したのだ。

秘書の森田一は、その時の驚きをこう語る。

「大平は予測していなかった。尖閣は竹入メモにあるように、日本側も言わないし中国側も言わないので、やり通すんだろうと思ったら、突然田中さんが言いだしたという、そんな感じですね。

大平外務大臣にとっても、私にとっても意外だったことは事実です」

栗山尚一条約課長によれば、訪中前に外務省関係者には尖閣は取り上げないという了解ができていたという。

「この問題を正常化交渉で決着をつけないということは外務省の事務当局としては大平さんにお話をして、外務大臣の了解をいただいた。大平外務大臣がどの程度田中総理にきちんと、法律的な面を含めて、実効支配だから日本有利なんだということも含めて話されたかは我々知りませんけど、少なくとも外務大臣レベルまでは了解いただいて、この問題については日中間では交渉しないと理解して北京に行ったんです」

ではなぜ、田中首相は事前の了解に反して発言したのか。この会談に同席していた中国課長の橋本に疑問を投げかけた。

「それは確かにおかしいよね。もしこういうのが出てきたとすれば、何かあったのかな？と私でさえも思うからね。

私は、どう考えても分からないのが、なんでこういう問題が国交正常化交渉、３泊４日、

４泊５日の非常に限られた日数の中で、なんで突如として持ち出されたか、当時も今も、疑問中の疑問なんですよ。私はちょっと理解に苦しみますね」

橋本は２００８年、中央大学教授の服部龍二のインタビューでは、田中の発言の意図について次のように証言している。

「もし日本に帰ったときに、主として右の方から、『なんだ、尖閣の問題も言わずに帰ったのか。中国の言うままになったのか』と批判されないように先手を打っているのだと思う」

（服部龍二『日中国交正常化』）

私たちはこの点について橋本に尋ねたが、明快な返答は得られなかった。インタビューをしたのが、２０１２年８月、尖閣諸島が国有化される１ヵ月前であり、発言するには微妙なタイミングであったからかもしれない。その後、橋本は２０１４年４月に87歳で亡くなった。

同じ年の暮れに私たちは当時条約課長の栗山尚一に同様の疑問を投げかけた。

栗山はこの第三回首脳会談には同席していない。後で橋本に「田中さん、どういうつもりでこの問題持ち出したんだろう」と尋ねたが、「わかんねえ」という返事だった。

栗山は「これはあくまで個人的な想像だが」と前置きしつつ、こう推理した。

「田中総理は恐らく北京に行く前に自民党の中のいわゆる親台湾派と言われている人たちに、誰だかわかりませんが、会われている時に、『あなたは北京に行って周恩来と、あるいは毛沢東と話をするなら、この問題についてきちんと話してこいよ』と言われて、『わかった、わかった』と。こういうことで別れて、それが田中総理の頭にあったと思う」

栗山も、田中の発言には「ちょっとびっくりした」という。

「藪《やぶ》をつついて蛇が出るという表現があります。そういうことにでもなったら、ろくなことはない。その場は周恩来がこういうことを話したくないと言われて終わったのはいいけれども、もし何かの機会にまた出てきたら具合悪いな、と一瞬思った。しかし、周恩来総理の対応が竹入委員長に対する反応と実際同じだった。だから私は『これで良かったな。無事済んだ』と内心ほっとした。喜んだわけです」

日本側としては、周恩来が「今話すのは良くない」と話題を転じてくれて助かったというのが本音だろう。

一方、中国側はこの発言をどう見ているのか。この会談の通訳は、王效賢である。王に日本の外交記録を見せてみた。

「確かにそういう話はありました。中国は尖閣列島とは言わない。釣魚島島嶼。だから尖閣列島は日本の言い方。中国はそれを認めていない。日本は日本のものだと。中国は中国のものだと。中国にはちゃんと中国の名前がある。

それで、国交正常化の時は、やりとりはなかった。田中総理がちょっと言ったら、周総理はこの話は今回はしないことにしましょう、先送りにしましょう。すぐ双方が了解をして、全然話にならなかった」

王は日本側の記録を認めつつも、周の発言は、この問題を「先送り」したものと説明している。この「先送り」のくだりは日本側の記録にはない。

横浜市立大学名誉教授の矢吹晋は、中国外交部顧問の張香山《ちょうこうざん》の回想記に「先送り」の言及があることを指摘している（矢吹晋『尖閣問題の核心』）。その回想をあらためて翻訳すると以下のような内容だった。

釣魚島（尖閣諸島）問題
この問題については、第三回首脳会談の終わり頃に話題として出た。両者は突っ込んで話さなかった。
田中首相「私はもう一言言いたい。中国側の寛大な態度に感謝しつつ、この機会にお聞きしたい。中国側の尖閣列島（釣魚島）に対する態度はいかがでしょうか」
周総理「この問題については、今回は話したくないです。いま話しても何のメリットもない」
田中首相「私は、北京に来た以上は、（尖閣について）何も話さなかったら難しい立場になる。私がこの問題にふれておいたら、帰国後なんとかなると思う」
周総理「そうです。石油が海底で発見されて台湾もアメリカも話題に取り上げようとしている。この問題を大きくするつもりです」

田中首相「わかった。これ以上話すのはやめよう。今後、また話そう」
周総理「そうしましょう。今回は両国が解決できる基本的な問題をまず解決したい。たとえば、日本との国交正常化をまず解決したい。それが最も重要なことです。他の問題は時間がたってから話しましょう」
田中首相「一旦、国交が正常化したら、私は他の問題も解決できると信じています」
（『日本学刊』１９９８年第一期）

日本の外交記録は前半に該当するが、張香山の回想にはその後に「先送り」について田中・周恩来でやりとりがある。田中は「私は、北京に来た以上は、（尖閣について）何も話さなかったら難しい立場になる。私がこの問題にふれておいたら、帰国後なんとかなると思う」と語っている。これは、自民党台湾派を念頭に置いていたという栗山の推論を裏づけるかのような発言だ。

果たして事実はどうなのか――。中国の公的な外交記録が公開されないと真相はわからない。王とともに通訳を務めた林麗韞に尋ねてみた。

「私は今お答えすることが出来ません。というのは、会談の記録はちゃんと細かくそれこそ一句もらさず、記録されているはずです。私たち通訳は、みんな秘密保護法でノートを取るとすぐに回収しなくてはいけない。手元に何も残っていない。日本側は秘密を解禁したということですけれど、中国の外交部ではまだそういうことを聞いておりません。ですから私たちはそういう記録を見る場合に一定の手続きをとって許可を得なければ見られないんです」

現在、中国側は、周恩来の発言は、尖閣諸島の問題を一時棚上げしたものだ、としている。しかし日本政府は、尖閣諸島は固有の領土であり、領有権の問題は存在しないとしている。外務省は次のように説明している。

「このような我が国の立場は一貫しており、中国側との間で尖閣諸島について『棚上げ』や『現状維持』について合意したという事実はありません」

いずれにせよ、この田中・周恩来の発言は、後述する1978年の園田直《すなお》・鄧小平会談とともに、尖閣諸島についての重要なやりとりである。

しかし、当時は、後年これほどまでに紛糾するとは誰も予測していなかった。

森田一はこう振り返った。

「日中国交正常化では、尖閣を問題にしないことが日中双方にとっていいことでもあるし、それが常識でもあるという感じだったと思う。

あの時に尖閣を解決しないで正常化をやったからいけなかったという議論はありますけれど、私は間違っていると思います。これはこれで新しい事態で新しい時代に考えなきゃいかんことで、あの時代にはあれが正しかったと私は思っています」

## 深夜の外相会談

田中の尖閣発言があった第三回首脳会談が終わると、突然、中国側から毛沢東との会談の申し入れがあった。中南海の毛沢東の書斎に田中、大平、二階堂が招かれ、20時30分から1時間の会談が行われた。通訳の林麗韞には冒頭のやりとりが鮮明に記憶に残っている。

「毛主席はちょっと笑顔で、立ち上がって迎えに出られて、挨拶した。少し田中先生は硬くなっておられたから……。それでユーモラスに『喧嘩は済みましたか』。切り出したのは毛主席ですよ。それで気分がほぐれて、田中さんは『いや、もう済みました、済みました』。周総理も『済みました、済みました』。そして両方とも『外相たちがうまくやってくれているから』と、田中さんが大平さんをほめ、周総理は姫鵬飛さんをほめるという形で。大平外相と握手した時に、毛主席が『天下太平ですね』。大平でしょ。もじってお話になった。みんなが笑ってしまって。それで気分がいっそうほぐれてしまった」

当時、朝日新聞外報部員だった横堀克己の林麗韞と王效賢からの聞き取りによれば、この後、毛沢東は御迷惑発言について尋ねている。

「添了麻煩の問題はどうなったのか」

大平がこう答えたという。

「これは、中国側の意見に従って改め、解決しました」（前出『記録と考証　日中国交正常化・

日中平和友好条約締結交渉』)。

会談は和やかに進み、毛沢東は室内の本棚の『楚辞集註《そじしゅうちゅう》』6巻を指し、田中に進呈した。中国、戦国時代の屈原らの詩に、南宋の朱子学者・朱熹《しゅき》が注釈をつけた書で、毛沢東の愛読書であった。ご迷惑発言によって紛糾しかけた事態は、毛沢東の会見により収束していく。

この夜、毛は慣例を破って自ら廊下の途中まで田中を見送った。

会談は山場を越えようとしていた。

22時10分から釣魚台迎賓館の会議室で第三回外相会談が開かれ、共同声明文の最後の協議が行われた。古井の事前交渉によっても詰め切れなかった「戦争状態の終了」の問題に決着をつける時がきた。

それまで日本は、台湾との間で日華平和条約を結んだ際に、戦争は終わった、戦後の両国関係は、「不自然な状態」だったと主張していた。これに対し中国側は、日華平和条約は無効であり、日中の戦争状態は続いている。日中共同声明が発表された日に、中国と日本の戦争状態が終わると主張していた。

この会談で、姫外交部長が前文に「戦争状態終結」の字句を、本文に両国に存在した「不正常な状態」が終了したという文言を入れることを提案した。これを受けて次のようにまとまった。

「日本国と中華人民共和国との不正常な状態は共同声明が発出された日に終了する」

この条文について、森田一はこう説明する。

「日中間に存在した不正常な関係に終止符を打つと。だから中国側は日中国交正常化によって、戦争は終結したと国内には説明するし、日本側は日華平和条約で戦争は終結しているけれど、不正常な状態がずっと続いてきていたので、その不正常な状態が日中国交正常化交渉によって、不正常でなくなって、その結果、日華平和条約は条約として存在意義を失ったと。（日中）別々の説明になるわけです。

私は別々の説明をしていることをジャーナリズムが問題にするかなと思ってちょっと心配だったけれど、問題になったことはありませんね」

日中両国がそれぞれに都合良く国内向けに説明できる条文であった。

次いで、中国側が日本側の主張を入れる形で賠償の条文を提起し、合意に至った。

「中華人民共和国政府は、中日両国人民の友好のために、日本国に対し、戦争賠償の請求を放棄することを宣言する」

会談が夜中の午前2時を回った時に、「ご迷惑」にかわる表現をどう盛り込むのか、難問に答える時がきた。通訳の周斌はこう回想している。

「大平外相が『姫さん、これが私たちが譲歩できる最大限のものです』と突然メモを取り出したのです。

『日本国政府はかつて日本が戦争を通じて中国人民にもたらした大きな災いに対して、責任を痛感し深く反省する』とありました」

　姫外交部長はメモをじっと見つめたまま、答えない。（通訳の）周が小さな声で「姫部長、私が見たところ、これを認めてもいいいんじゃないですか」とささやいたところ、「お前は何だ！」と腿《もも》をひどくつねられた。

　しばらくして、姫は10分間の休憩を提案、大平も同意した。

「結構です。私もこれをオヤジ（田中総理）に見せなければなりませんから」

　姫は周恩来に、大平は田中に見せて確認。15分後に会議は再開され、姫はこう述べた。

「大平さんが示した表現で行きましょう。メモの言葉そのままで結構です。これは中国政府の最終的な態度です」

　こうして、「ご迷惑発言」後、紛糾した戦争への反省の表現は、共同声明ではつぎのようになった。

大平外相・姫外交部長。２人のあいだに通訳の周斌

「日本側は、過去において日本国が戦争を通じて中国国民に重大な損害を与えたことについての責任を痛感し、深く反省する」

この周恩来の決断について、周斌は舞台裏をこう語っている。

「しかし、それでも中国外交部の中には、『戦争』の前になぜ『侵略』の文字がないのか、と不満を述べる人たちも少なくありませんでした。それに対して、周総理は前後の文脈から侵略戦争だと誰でも連想できる、と彼らを説得したのです。

周総理には、もうこれ以上、田中・大平両氏を困らせたくないという寛大な気持ちがあったのでしょう。同時に、日中国交会談を成功させることは、中国全体の世界戦略の一環でもあったのだと思います」（周斌『私は中国の指導者の通訳だった』）

9月28日午後3時から第四回首脳会談が開かれた。

最後に残った課題は、台湾と日本との関係である。

まず、大平が事前に用意したメモ「日中国交正常化後の日台関係」を読み上げた。日中国交正常化の結果、日台の外交関係は解消されること。日本政府としては、今後とも「二つの中国」の立場をとらず、「台湾独立運動」を支援する考えは全くないこと。

周総理以下、中国側は真剣に聞いていた。橋本中国課長によると、「大平発言が終ると、一様に安心したという表情となり、大平発言につき正面から認めるとは言わなかったが、わかっているから心配するなという表情で、うなづいた」（前出『記録と考証　日中国交正常化』）。

周恩来は明日、大平外相が「記者会見で、日台外交関係が切れることを声明されると聞いたが、大いに歓迎する」と述べ、「言必信、行必果（言えば必ず信じ、行えば必ず果たす）」という中国のことわざを引いた。

## 日中共同声明発表

明くる9月29日午前9時18分、人民大会堂で日中共同声明の調印式が行われた。日本は中華人民共和国政府が中国の唯一の合法政府であることを承認し、この日、外交関係が樹立された。

その後の記者会見で、大平は「日華平和条約は、存続の意義を失い、終了したと認められる」と政府見解を発表した。両国間で最も難航した日華平和条約については共同声明では言及せず、記者会見で発表する形としたのだ。

林麗韞によれば、その背後には周恩来の決断があったという。

「共同声明の中に日台（日華平和）条約破棄を入れてなくても、大平外相の言明で、ここは最適に表明できれば、それでもいい。そういう小さな譲歩はやれるけれど、原則問題の譲歩はやはりやれませんね。日本側もやりたいけれど、国会での話し合いの難しさがある。田中総理も自分の政治生命をかけておられる。だからそれにやはり配慮をはらって、無理をしないで田中首相も受け入れられる、中国側の原則もちゃんと通った形にして、両国共同声明。そして、あとで大平の記者会見という形にする。決断を下したのは中国側です」

周斌は、「双方の外交の知恵の体現」と評している。

その日の午後、田中・大平らと周恩来は政府専用機で上海に向かった。田中は自ら望んで周恩来と同じソビエト製のＥＬ18に乗り込んだが、離陸するや、すぐにいびきをかき始めた。周斌はこう回想している。

大平外相は、非常に心苦しいと感じて「田中首相から飛行機会談を提案したのに寝てしまうとは礼儀に合っていない」と田中首相を起こそうとした。その時、周総理が大平外相の手をつかんで、「起こさないで。疲れているのです。私とあなたが会談しても同じだから」。

大平外相は答えた。

「それでは対等ではありません。総理は総理と、外相は外相と話すべきです」

周の返答はこうだった。

「私はあなたと同じように話します」

大平外相は、とても喜んで漢詩を書いた紙を周恩来に渡した。

朱建栄が『上海外事四十年』から、この詩を引用し紹介している。

友情美酒潤枯腸（友情の美酒、枯腸を潤し）

中国天地新涼爽（中国の天地、新たにして涼爽なり）
得友遂事開国交（友を得て事を遂げ、国交を開き）
飛向東天心自平（東の天《そら》〝日本のこと〟に向かう心、自ずと平《おだや》か）

（朱建栄『中国で尊敬される日本人たち』）

周恩来は「なかなか詩才があるんじゃないか」と褒めた。

この後大平は、車中会談で姫鵬飛に伝えた張家口での体験を周恩来にも語ったという。大平は周に告げた。

「車中会談以降、私は半日考えました。このままで帰るわけにはいかないと。私が晩年になった時、生涯で成し遂げたかったことは、このことだったたと思うだろう」

大平にとって日中外交は政治家として生涯をかける政治課題となっていく。

周はすでに姫鵬飛から報告を受けていたが、あらためて大平の誠実さを理解した。

北京の５日間の交渉を通じ、周恩来は、田中を「外強」、そして大平を「内秀」と評した。「内秀」について、朱建栄はこう説明している。

「それほど口が達者ではなく、ぺらぺらしゃべる人間ではないが、学問の蓄積があって、冷静に問題に対処し、また相手の立場も考えて、思いやる思慮があり、人柄が素晴らしいというニュアンスだ」（同前）

のちに大平はこの周恩来の評価について周斌から聞き、大いに喜んだという。

秘書の森田は、帰国の途上、飛行機で大平が漏らした言葉が忘れられない。

「今はお祭り騒ぎで両国ともいいけれど、30年経ったら結構大変なことになるよ」

「周恩来は、日本も中国のいわば先生ですから、いろいろ教えてもらわないといけないというような発言をしたけれど、中国のそういう発言も将来変わるだろうなという大きな予測をしていると、私は理解しましたね。その一言で。現代になってみると、その時の一言というのは本当に重いなと。ある意味では今日の時代をある程度予測していたということですよね」

林麗韞によれば、国交正常化にのぞんだ周恩来の姿勢は、第一回首脳会談で示した「求同存異」という言葉に象徴されるという。日本語では、「小異を捨て大同につく」と訳されることが多いが、中国語の正しい意味は、小異をかたわらに残しておくということだ。

「小異を残すというのは、棚上げと言ったらおかしいけれど、だんだん合意点に持っていけるようにする。その合意に持っていく必要のない問題を少し残しておくということ」という。

歴史認識や尖閣諸島など小異を残しながらも、国交正常化を進めた周恩来。

外交部の丁民は「周恩来総理一流の原則性と柔軟性の結合」が効を奏したという。「原則は通しながらも非常に柔軟に処理するという彼の芸術的な外交が役に立ったのは事実ですね」

国交正常化の舞台裏で活躍した古井喜実は、９月29日、ＮＨＫのスタジオで調印式の光景を見つめた。

「感慨無量、理窟なしに目がうるんできた。過ぐる大戦争に対してのみならず、半世紀に及ぶ日中間の不幸な過去に対し終止符が打たれたのである」（古井喜実『日中十八年』）

バンドンでの高碕・周会談から17年――。高碕、松村、古井……営々と受け継がれてきた自民党親中派の交渉が結実した瞬間であった。

周恩来の通訳・林麗韞によれば、訪中した田中はこう語ったという。

「民間が敷いてくれたレールに乗って、私は来たんです」

周恩来は、この民間外交を高く評価していた。

「民間外交――中国の外交史上でもまれにみる日中両国間の歴史でした。つまり周総理が言われていた民で以て官を促す。半分政府、半分民間の状態から政府関係、最後に政府同士がサインした関係、正常化に持っていく。これが民間外交の果たす役割だと周総理も言われた。その点で日本と交流した民間外交の歴史は、外交の面でも手本になる実績だと周恩来総理は言われた」

自民党親中派が敷いた民間外交の先に日中国交回復を成し遂げた田中内閣。

この年12月の総選挙で大勝を収めた。しかし、皮肉なことに最大の功労者であった古井は落選の憂き目を見た。古井はこう回顧している。

「この際、政治のため、とくに指摘しておきたいことは、この選挙が金力選挙の黄金時代、絶頂にあったことと、世にいわれるように、外交は票にならぬことが、机上論でなくて現実であったことである」（同前）

翌１９７３年秋、国交回復1周年を迎え、古井は13回目の訪中を果たした。10月10日、深夜午前2時半、周恩来は多忙な中、人民大会堂で古井を引見した。周は古井を慰め励ました。

「古井先生は日中問題に打ち込んだため、選挙区がおろそかになったのではないか」

古井は感激し、同行者の中には泣き出すものもいたという。

4年後、73歳の古井は、衆議院議員に返り咲く。そして１９７８年、首相の座に就いた大平は、古井の労に報い、法相として迎えた。古井は、日中友好会館の建設など亡くなるまで日中友好に尽力し続けたのである。

周恩来は、１９７４年6月、ようやく膀胱癌の切除の手術を受けた。しかし、癌は転移しており、１９７６年1月、77歳で亡くなった。

日本との関係改善によって中国の経済発展への礎《いしずえ》を築こうとした周恩来。その構想は鄧小平に引き継がれていくことになる。

# 第5章

# 大平正芳の対中外交と尖閣諸島

来日した鄧小平と歓談する大平正芳。大平は当時、自民党幹事長。1978年10月

## 大平・キッシンジャー会談

1972（昭和47）年の国交正常化の後、日本では田中政権がロッキード事件で倒れ、中国では周恩来、毛沢東が亡くなり、四人組が失脚する。日中とも国内政治が迷走し、外交交渉は進まなかった。

そんななか、尖閣諸島をめぐって日米の秘密交渉は続いていた。そもそも、田中・周恩来会談での尖閣諸島の扱いを日本はアメリカにどう説明していたのだろうか――。

この点を明らかにする興味深い記録を私たちはニクソン・ライブラリーで発見した。

1974年2月13日の大平正芳外相とキッシンジャー国務長官との会談記録である。前年、第四次中東戦争を機にオイルショックが日本を襲い、西側先進諸国の繁栄は陰りを見せ始めていた。これを受け、ワシントンでエネルギー会議が開かれた。

それは、大平外相の東シナ海の資源開発についての発言から始まっていた。

大平「我々は、つい最近、大陸棚の共同開発について韓国との合意に署名しました。その旨を、北京に伝えると、数日後に合意に反対すると言ってきました。大陸棚に中国が主張する領域が含まれているというのです。我々は、現在と将来にわたり、北京の権利を侵害しないよう慎重です。しかし、我々は、中立の立場を支持しながらも、北京が大陸棚の自然な延長と捉えていることに懸念を抱いています。こうした相違点の調整は難しい」

キッシンジャー「こうした問題に貴方がきわめて慎重に対処されていることがわかりました」

大平「そもそも韓国はアメリカに開発に取り組んでほしいと考えていました。日本は共同開発の合意を望んでいました。現在では北京が主張し始めています」

キッシンジャー「それで、我々に再び参画してほしいと？」

大平「中国と国交を正常化した際、尖閣問題には触れないことで合意しました。これを考慮すれば、日本が何らかの行動を起こせば、中国が黙っているわけがないということになります」

キッシンジャー「この尖閣問題については、沖縄返還時に我々は大変苦労しました。日本とではなく、台湾との間でです。中国が尖閣に対して軍事行動をおこした場合、西沙《せいさ》諸島の時のような取り扱いはしません。西沙諸島については、我々はどの国に属するか一度も言及していません」

この記録で興味深いのは、大平が、国交正常化交渉で日中は「尖閣問題には触れないことで合意しました」とアメリカに伝えている点だろう。

英語の原文は次の通りである。

We agreed not to touch the Senkaku problem...

このメモを秘書の森田一に見てもらった。

「私は大平から聞いてない。だけど非常に重要な発言だと思います。国内で大平が尖閣について語ったことはほとんどないと思う。超長期的、超高次元の問題、軽々に口にすべきではないという認識です。もう神にしか解決できないみたいな感じです。

私がそれを感じたのは、田中さんと日中国交正常化の準備段階で話している時に、大平があえて田中さんに尖閣という言葉を使わないで説明した時に、これはもう他の問題と並べて議論すべきじゃないと考えているなと思いました」

国内では尖閣諸島についての発言に慎重だった大平。しかし、この会談の1ヵ月前、大平が懸念する事態が起きていた。

1974年1月19日、中国軍が南ベトナムの護衛艦1隻を撃沈し、南シナ海の西沙諸島全体を占領したのだ。今に至る中国の海洋進出が始まろうとしていた。大平は尖閣諸島に同じように中国が進出した際、アメリカはどうするのか、確認する必要に迫られていた。あえて、キッシンジャーとの会談で尖閣を持ち出したのは、こうした背景がある。

大平の質問を受けて、キッシンジャーは「中国が尖閣に対して軍事行動をおこした場合、西沙諸島の時のような取り扱いはしません」と述べている。キッシンジャーが認めるように、沖縄返還時、アメリカは台湾の主張を受け、尖閣問題で苦労した。尖閣諸島の施政権は日本に返還するものの、領有権については中立の立場をとっていた。しかし、この時、キッシンジャーは、尖閣有事には、アメリカは西沙諸島のように黙っていることはないとしている。記録では、大平は尖閣問題にさらに質問は重ねず、このあと話題は朝鮮半島に移っている。

キッシンジャーが取材拒否のため、私たちは会談の同席者を捜した。そして記録係をつとめた国務省日本部・経済担当官のトマス・ハバード、74歳をワシントンのオフィスに訪ねた。のちに駐フィリピン大使や駐韓国大使を歴任したハバードに会談記録を見てもらった。「大平は何度か国際会議で会っているが、口数の少ない人だった」と言いいながらも、キッシンジャーとのこの会談は覚えていた。

「大平が『国交正常化では、この問題（尖閣問題）に触れないことに私たちは同意した』と言ったことは覚えています」

注目すべきは、ハバードによれば、日本側が「触れないこと」をtanaageと表現したことだ。

「日中国交正常化で使われた日本語は『棚上げ』でした。私たちはこれを通常の shelfと英訳します。この問題は脇に置く、国交正常化の過程で解決しようとは試みない、という意味だと思います。私の記憶では、この問題は日中間の争点として継続します。明らかに国交正常化の話し合いでは、問題解決にはなりません。両国とも引き続き主権を主張することになると私たちは当然ながら予期していました。

日本側はその問題を二度と話さなくて済むことを期待していた可能性が大きいと思います。なぜなら、尖閣諸島の施政権を私たちが日本に返還したので、日本にとってはそれが最終決定であるべきだと感じたからです。しかし、それ以降の出来事を顧みると明らかに、『中国は将来それを再浮上させるだろう』と、うすうす感じていたと思います」

日本側は国交正常化で尖閣問題を終わりにしたかったであろうが、中国が主権を主張してくることをアメリカ側は予測していた、とハバードは言う。

大平が、尖閣有事についてキッシンジャーに尋ねた点も確認した。

――キッシンジャーは「中国が尖閣に対して軍事行動をおこした場合、西沙諸島の時のような取り扱いはしません」と述べていますが？

「その通り。西沙問題ではアメリカは中立の立場でしたが、キッシンジャーは、尖閣諸島は異なると言いました。尖閣諸島の主権については中立ですが、施政権は沖縄とともに日本に返還したと明らかにしています」

――それは、中国が軍事行動に出たら、アメリカはそれに対応するということですか？

「アメリカは日米安保条約の規定に従うということです。アメリカが軍事行動に出るという意味ではありません。尖閣諸島への中国の軍事行動に対して共同行動をとるということです。キッシンジャーは単に米国の中立性を明確にするだけでなく、日本を支持すると言ったのです」

——その後、日米安保条約第五条の適用を考えたのでしょうか？

「当時、第五条は念頭になかったと思います」

西沙諸島と同じことが尖閣諸島に起こったらアメリカが日本を支持するかどうか、大平は確証を望み、キッシンジャーからそれを得たというのが、ハバードの見方だった。

アメリカは尖閣有事にどう対応するのか。私たちが入手した外交文書によれば、同じ時期、防衛庁長官の山中貞則も確認を求めている。

大平・キッシンジャー会談の１ヵ月後、３月９日、東京のアメリカ大使館は、山中長官が、尖閣諸島を日米安保条約の適用範囲と考えているか確認を求めていると報告している。アメリカ大使は、紛争は平和裏に解決すべきであり、個人的な見解と断りつつ、尖閣諸島は日本の施政権下に入った時から日米安保条約の適用範囲に入ったと述べた。それでも山中は、中国が尖閣諸島を日本から奪おうとした時、アメリカはどうするのか、知りたいとしていた。

３月28日、駐日アメリカ大使館のトマス・シュースミスは山中に、アメリカが尖閣について今以上にできる可能性は低く、これ以上アメリカにプレッシャーをかけないようにと伝えている。

アメリカは尖閣諸島について慎重な姿勢を崩さなかった。

田島高志

## 中国の大漁船団

それから4年後の1978年、大平や山中が懸念した尖閣への中国の進出が現実となる。4月12日未明、中国漁船百隻以上が尖閣諸島周辺に集結。数十隻が領海侵犯を繰り返した。漁船は2週間近く、同海域に居座り続けた。

外務省アジア局長だった中江要介はこう回想している。

「いろいろ調べてみたが、結局わからなかった。しかし、その後こうしたことが起こらないので、やはりどこかの機関が指令を出していたのではという気もする」（中江要介『日中外交の証言』）

真相は今も謎であるが、当時、自民党幹事長だった大平はメモに次のように記している。

〈尖閣―原状回復ヲ見守ル。中国側ノ見解ヲ見、モット高イレベルデ聞イテミル〉

ここで「もっと高いレベルで聞いてみる」とは、どのような意味か。森田一は「外務大臣より上の元首級に聞いてみるという意味ではなく、高次元の長期的な問題という意味」だという。

「これは超長期的、超高次元の問題。大平の頭の中は一貫してそうだったと思います」

事件の対応に追われたのが、当時、外務省中国課長だった田島高志である。田島は195
9年に外務省に入省、駐ブルガリア、駐ミャンマー、駐カナダ各大使を歴任している。福田政権下、中断していた日中交渉を再開しようと自民党内の合意を取り付けるべく、調整を進めていた矢先のことだった。

「これは突然の大事件で、我々は驚いたのです。我々はせっかく交渉再開をめざして準備してきたのに、中国はなぜこのようなことをするんだろうと。すぐ省内の次官室で協議が行われ、私が中国大使館の一等書記官を呼んで、遺憾の意を表明し、すぐ中国の漁船を引き上げさせて欲しい、再発防止策を採って欲しいと申し入れた。そうしたら、向こうはあれは中国の領土である。中国の漁船はその近海で漁労活動を行う権利もある。だから申し入れは受け入れられないという非常に硬い反応だったわけです。同時に北京の日本大使館にも遺憾表明をするようにという訓令を出したんですけれど似たような反応で、よく背景が分からないから調査するという返事だった。

私は、旧知の中国大使館参事官を至急極秘裏に料亭に呼び、福田総理は（日中平和友好条約締結を決断しているのに、このような事件を起こすようでは、鄧小平が『条約は1秒でできる』と発言して中国側が急いでいるような条約交渉は出来なくなる、至急本国に報告すべきだ、と伝えた」

その後北京で、中国の公使レベルから「中国漁船が漁労活動を行った時に、偶発的に起こった事件であって、中国政府には日中関係を害する意図はない」との釈明があった。日本側も佐藤正二中国大使と韓念龍外交部副部長の会談を通じてそれを受け入れた形をとり、日中交渉は再開された。

田島は、事件の背景に中国国内の権力抗争があったのでは、と推理する。

「中国政府の中央は（条約の）交渉を是非再開したいと思っていたのは間違いないと思う。ですから中国政府が問題を起こしたと私も考えませんでした。

しかし、日本に条約の反対派や賛成派がいたのと同じように、中国にも両派が分かれていたと思う。中国は独裁国ですから、表に出て来ませんけれど、当然あったと思う。それから地方や軍部がどう考えていたのかも分かりません。外に出て来ませんから。ですから、反対派が恐らく条約交渉をやめさせようという意図を持って漁船を使ったという可能性はあったと思う。今でもそれは謎のままです」

では、この事件を受けてアメリカは、どう対応したのか。漁船侵入から6日後、4月18日の極秘資料を入手した。2008年に公開されたカーター政権の国家安全保障会議メモランダムである。それによれば、ブレジンスキー大統領補佐官は、日本の外務省が尖閣の防衛について慎重に確認を求めているとして、こう述べている。

「我々は第一に日本を不利にするようなことをしない。しかし、同時に、日中間の領土問題には関わらないようにする」

こうしたアメリカの姿勢は４月30日、福田首相の訪米に際して、カーター大統領のバックグラウンドペーパーにも記されている。

「アメリカは尖閣問題に巻き込まれないようにする」

カーター政権のこれらの資料についても、トマス・ハバードに見せて確認した。

――この文書は何を意味しているのでしょうか？

「二つのことを言っています。アメリカは中国との関係を発展させていたので、日中間の争いに直接に関与したくはありませんでした。同時に、日本の国益を損なうことは望まなかったのです」

――アメリカは日中双方と良い関係を維持したいということですか？

「その通り。最も重要なことは同盟国日本を支持することです。尖閣諸島の主権について日本の主張を損なうことはしたくない。出来るだけ日中間の争いには関与しないことを望んだのです」

アメリカは尖閣諸島の領有権については関わらないようにするという方針を改めて確認していたのだ。

## 園田直・鄧小平会談

尖閣の問題は、この年8月の日中平和友好条約の交渉で大きな懸案となる。

園田直外相は、北京を訪問。中国の副総理、鄧小平と会談する。園田は、尖閣問題についてこう回想している。

「尖閣列島問題についてはこんどの話しあいの中では持ち出すべきではない、というのが私の基本的な考え方でした。

何故かといえば、尖閣列島は昔から日本固有の領土で、すでに実効支配をやっている。それをあえて日本のものだといえば、中国も体面上領有権を主張せざるをえない」（園田直『世界 日本 愛』）

福田赳夫首相に尖閣諸島問題は「申しません」と言って出発した園田だが、東京からは「ハッキリさせろ」と暗号電報が来たという。かくして臨んだ鄧小平との会談。園田の回想は生々しい。

「勇を鼓して、尖閣列島は古来わが国のもんで、この前のような〝偶発事故〟を起こしてもらっては困ると、こう言ったんだ。

鄧小平さんは、ニコニコ笑って両手を広げてね、

『この前のは偶発事件だ。……ああいうことはもう絶対にやらん、絶対にやらん』

とね。……

『いままでどおり、二十年でも三十年でも放っておけ』という。言葉を返せば日本が実効支配しているのだから、そのままにしておけといっているわけです」（同前）

会談で鄧小平は、事件の再発防止を約束したという。しかし、尖閣をめぐる園田・鄧小平会談の記録は公開されておらず、その全容を知ることは出来ない。私たちは、外務省に文書の開示請求を行った。回答は次の通りだった。

「関係するファイル内を探索しましたが、該当する文書は発見できなかったため、不開示（不存在）としました」

この会談に外務省中国課長として同席していたのが田島高志である。田島は、自ら書き留めたメモを手に8月10日の会談について、はじめてテレビで証言した。

「その時に鄧小平副総理は、『もう条約が出来るんだから、過去の問題は水に流した。しかし現在問題が全然ないということではない。例えば尖閣諸島。中国では釣魚島という大陸棚の問題がある。しかしこれはゆっくりやればいい。今から数十年経っても解決しないかもしれない』という主旨の発言を結構長々と行った。

そこで園田大臣の方から『閣下は今、尖閣の問題を言われたけれど、自分も外務大臣として一言言わなくちゃいかん。日本の立場というのは閣下が知っている通りである。ご存じの通りである。だから先般のような事件は二度と起こさないで欲しい』と言われた。

それに対して『中国政府はこの問題を起こすことはない。これは数年、数十年、百年でもおいておけばいい。我々の世代では知恵がない、次の世代は知恵があるかもしれない。なかったらその次の世代には知恵があるかもしれない』という発言をしまして、それでこの話は終わったわけです」

園田は、鄧小平のこの発言に胸をなで下ろしたと回想している。

「もう堪りかねて、鄧さんの両肩をグッと押さえて、

『閣下、もうそれ以上いわんでください』

彼は悠々としてましたが、私の方はもうフウッとこう体から力が抜けていきましたよ。人がみていなければ鄧さんに『ありがとう』といいたいところでした」（同前）

こうして、尖閣諸島については園田・鄧小平会談は終わった。交渉の焦点は、ソビエトに対抗する反覇権条項であったが、それがようやく解決されて１９７８年8月12日、日中平和友好条約が調印された。

## 「10年棚上げしてもかまわない」

それから2ヵ月後の10月22日、鄧小平は、中国の指導者としては戦後はじめて日本を正式に訪問する。

10月25日、日本記者クラブでの会見には400人もの記者が集まった。中国の指導者が西欧式の記者会見を行うのもはじめてだった。

尖閣諸島について園田・鄧小平会談で何が話されたのか、鄧小平は語った。

「中日国交正常化の際も、双方はこの問題に触れないということを約束しました。今回、中日平和友好条約を交渉した際もやはり同じく、この問題に触れないということで一致しました。中国人の知恵からして、こういう方法しか考え出せません。というのは、その問題に触れますと、それははっきり言えなくなってしまいます。そこで、確かに一部のものはこういう問題を借りて、中日両国の関係に水を差したがっております。ですから、両国政府が交渉する際、この問題を避けるということが良いと思います。こういう問題は、一時棚上げにしてもかまわないと思います。10年棚上げにしてもかまいません」（プレスセンターHPより　翻訳　王效賢）

会見で通訳をつとめた当時・アジア局日本処副処長の王效賢はこう説明する。

「鄧小平さんは『今答える問題ではない。あなた方は尖閣列島という、私たちは釣魚島島嶼という。言い方さえ違う。だからあなた方はあなた方のもの、中国は中国のものだ、と我々が論争しても、今結果は出ないから、我々の次の世代に任せてもいい。次の次の世代でもいい。彼らは我々より賢い』、それが鄧小平さんの答えだった」

この時の鄧小平の談話は、現在、尖閣問題は一時棚上げしたという、中国側の主張の根拠となっている。

しかし、会談に立ち会った田島は「日本側は、『棚上げ』に合意はしなかった」としている（『外交』Vol.18）。

この点について田島に尋ねた。

「中国側は、論争したって、すぐ解決するはずもないから、論争しない方がいいと思ったでしょう。ですから論争をやめておこうと言った。日本は実効支配しているから論争する必要はないと思って、黙っていた。それを中国側は日本が同意したという受け止め方、あるいは言い方をしている。ですから、日本側は中国側のそういう発言に対して、それを記憶に留めたというのが事実である。事実は向こうが発言して、日本はただ聞いていただけだった。日本は反対もしないし賛成もしない。そういうどちらかの発言はしていない」

では、日本側は鄧小平が「棚上げ」と発言した際、なぜ黙っていたのだろうか？　続けて田島に問うた。

「合意したか、しなかったかは、意味のない論争である。そんなことよりも、尖閣を巡って

鄧小平来日を羽田で迎える園田直。1978年10月22日

両方が争いを避けるためにどういう行動を取ってきたか、あるいは取るか、が重要な問題であって、それを放っておくように約束したか約束がなかったか、そういう論争は意味がない。それは実質的な本質的な問題じゃない」

――当時は鄧小平さんの記者会見の内容に対しても、日本側は特に否定もしていないんですけれど。それは今おっしゃったような無意味な論争をする必要がないという……。

「立場があるからです」

――田島さんはこの問題に関してはどう解決に向かっていった方がいいと思っていらっしゃいますか？

「鄧小平副総理が言われた通りやればいいと思う。それは鄧小平の知恵だと思う。すぐに解決できない問題です。ですから論争をやるよりは、鄧小平が言うようにその問題には触れず日本と中国は隣国同士ですから、いろいろな面で協力し合い、一緒に地域の発展、経済の発展のために貢献できることがたくさんあります。その方が中国にとっても利益だし、日本にとっても利益になることは明白です」

## 近代化政策と日本への期待

実は、問題の記者会見でも、鄧小平が強調したのは尖閣の問題ではなく、中国の近代化と日本の経済援助への期待だった。

「まず必要なのは、我々が遅れていることを認めることだ。遅れていることを素直に認めれば、希望が生まれる。次に、学ぶことがうまくなければならない。今回日本を訪れたのも、日本に教えを請うためだ」

8日間の訪日で、鄧小平は新日鉄・日産・松下の3社を精力的に見学して回った。新幹線で東京から関西に向かい、感想を聞かれると、「速い。とても速い。後ろからムチで打っているような速さだ。これこそ我々が求めている速さだ。我々は駆け出す必要に迫られている」と語った。

新日鉄の君津製鉄所では工場の設備や技術を詳しくたずね、松下電器では、電子レンジなどの新製品の展示室を見学し、シューマイの試食で「なかなかおいしい」と愛想を振りまいた。この間、同行した王效賢によれば、鄧小平は、「たくさん友好関係を作る」ことを目指していたという。

「だから例えば、日本の財界の松下幸之助先生と鄧小平さんとの会談が非常によかった。とても話が進んで、帰ってから松下先生を二回も中国にお呼びした。中国に対する援助、近代化。それがいちばん大事」

帰国した鄧小平は、この年の12月、十一期三中全会で改革開放へと政策を大きく転換する。階級闘争路線を放棄し、「経済がほかの一切を圧倒する」という政策を打ち出した。共産党の指導の下、生産力の増大を第一に考えようというのだ。

## 大平の対中援助

鄧小平の開放政策の時代が始まった1978（昭和53）年12月、大平正芳が首相に就任した。

大平は、国交正常化ののちも、1974年、日中貿易協定に調印し、日中航空協定についても、台湾の反発に苦慮しながら交渉を進めるなど日中外交に尽力していた。首相の座に就いた大平は、最も大きな仕事、中国への円借款の供与に着手する。

すでに鄧小平は、1978年の訪日で、経済建設に外国からの借款の必要性を認識し、大平に円借款の供与を要請していた。

鄧小平の政策大転換に呼応するかのように、大平は、翌1979年1月19日には「中国に大規模な経済協力を行う用意がある」と表明した。台湾派からの対中借款反対を抑えるため、大平は「対中援助三原則」を発表する。

・軍事的な協力は行わない。
・近隣アジア諸国、ASEAN諸国との友好関係を維持する。
・日中の関係は排他的なものにしない。

大平外交の頂点は、この年の6月、日本ではじめて開かれた先進国首脳会議、東京サミットだった。議長国・日本には経済大国のリーダーとして、国際社会で主導的な役割が求められた。

1979年12月5日に訪中した大平は、華国鋒《かこくほう》首相らと会談。鉄道、港湾、水力発電、病院などのプロジェクトに、79年度、500億円の政府の資金供与を約束した。大平の秘書・森田一によれば、円借款の供与は、国交正常化で中国が賠償を放棄したことが念頭にあったという。

「大平は、鄧小平の能力と見識を非常に高く評価していた。

自分の若い頃の贖罪意識も含めて、中国が円満に順調に発展していくことを非常に望んでいた。賠償を放棄してもらった関係もあるし、円借款も供与する。それからもっと分厚い人的交流、あるいは文化交流を考えて、それで発展を出来るだけ支えていくようにしなきゃいかんという認識だった」

1980年5月、華国鋒首相が中国の首相として戦後はじめて来日した。2017年1月に公開された外交文書によれば、大平首相は迎賓館に迎えてこう語っていた。

「日中関係は、ハネムーン時代は終わり、今後双方がそれぞれわがままを述べあうことは自然のことと思う」

それまで日本の軍事大国化に警戒してきた中国だが、この時、華国鋒はソ連の脅威に言及して日本に「一定の自衛力が必要」と理解を示した。そして「国際問題における双方の意見は基本的に一致している」と述べた。外務省は「日中関係が、乾杯の時代から実務関係の発展の時代に入った」と日中関係の進展を自賛している。

こうして１９８０年代、日中は社会学者のエズラ・ヴォーゲルの言葉を借りれば、ゴールデン・エイジを迎える。大平の援助外交を皮切りに、２００３年までに計３兆円を超える中国への円借款が行われ、日本の近代化支援が進んだ。

毛里和子の研究によれば、１９７９年から17年間で日本の供与したＯＤＡが、中国が受け取った政府借款の42％に達していた。２位はドイツの９・８６％、20位のアメリカは０・１％にすぎない。毛里和子はこの時期の日本の援助が中国経済を非常に大きくしたと評価する。

「その結果、今日のような世界第二の経済大国・中国という形で日本がやられてしまうという状況になってしまって、困るじゃないかというご意見もあるかもしれないけど、実際には安定した中国の生活がよくなる。中国の購買力がどんどん上がるということは、日本経済に非常に貢献する材料だと思う。そういう意味ではもちつもたれつの関係というのが80年代以降出来た」

大平は経済的な協力だけではなく、日中文化交流協定に調印。人的交流にも力を入れた。その一つが日本語を教える教師を育成するプログラムだ。大平学校と呼ばれ、１９８０年から５年間にわたり延べ６００人の日本語教師を輩出した。現在は、北京日本学研究センターとなり、日本政府や企業の支援を得て運営される大学院となっている。

北京市にあるセンターを訪ねた。図書館の入り口には大平文庫があり、大平の著作、色紙などが展示されている。最近では、丹羽宇一郎・元中国大使が寄贈した丹羽文庫、APEC（アジア太平洋経済協力会議）で訪中した安倍晋三首相夫人の昭恵文庫も開設された。蔵書は17万冊。中国国内の日本研究の機関としては最も蔵書、利用者が多い図書館という。このセンターから多くの知日派が輩出した。

案内してくれた徐一平《じょいっぺい》センター長も第2期の卒業生だ。

「最初の頃は、中国は文革が終わって、改革開放が始まったばかりの時代です。その時、もちろん経済的に資金も必要ですけれど、もっと大事なものは実は人材です。中国の日本語教育においても非常に教師が不足しておりました」

大平学校、中国語では大平班《ダービンバン》の卒業生はいまや50代を迎えた。

「大平学校で勉強したものは言葉だけではなく、支援していただいた先生から人格的にもいろんな勉強が出来た。だから、その後も中日相互理解のためにずっと頑張っています。その意味で大平学校は非常に成功しています」

いま、センターは、教師だけではなく、研究者の養成も行っている。修士課程は35名、博士課程は12名の募集に対して、２００から３００人の応募があるという。

大学院1年生の授業を取材したが、ルソーやモンテスキューの思想が明治期の日本への清国留学生を通じてもたらされた事実が取り上げられていて、興味深かった。「革命思想の源は日本というショーウィンドーを通してもたらされた」というのである。

生徒の多くは、日本語教師や日本企業での就職を目指している。アニメなどのサブカルチャーへの関心が高い。

「日本のアニメが大好きで選びました。子どもの頃から『犬夜叉《いぬやしゃ》』というアニメが大好きで、高校時代もたくさん見てきました。日本の他の文化ももっと知りたくて、日本語専門を選びました」

日本語教師を目指す女性は、いま、相互理解が足りないことに不安を感じている。

「私から見れば、日本からも中国からもお互いに理解しあうことが少ないです。私たち日本語を勉強しているものは、自分から日本をもっと知りたいと、努力をしていますけれど、一般の人、例えば私の母は、日本のことを知らないです。知りたいという意欲もない。お互いに知り合うことがもっと出来れば、理解できればそういういい方向に進められると思います」

### 環太平洋の連帯

大平は中国の近代化を支援し人的交流を進めると同時に、中国を含めたアジア太平洋の連帯を構想していた。

1980年1月、大平はオーストラリア、ニュージーランド、パプアニューギニアのオセアニア三国を訪問した。ここで大平は豪首相のマルコム・フレーザーと会談し、独自の構想を発表する。環太平洋連帯構想だ。

若き日、大平は、中国の張家口で「日本は大陸国家か海洋国家か」を考えた末に、海洋国家であるという確信を持ったという。大陸中国での体験が、逆に海洋国家日本の将来構想につながっていた。首相に就任すると、大平は政策研究会に環太平洋連帯研究グループをつくり、こう述べていた。

「太平洋に位置する我が国としては、米国、東南アジア、豪州をはじめ、太平洋地域諸国との緊密な関係を積み重ねてきており、グローバリズムの中にも、これら諸国との関係を一層濃密なものとして、発展を図ることが、世界から期待されている我が国の役割ではないだろうか」

研究グループの一人だった東京大学名誉教授の渡邉昭夫によれば、「主として考えたのは東南アジアのASEAN諸国。アジア外交と対アメリカ外交とをうまく結びつけるような構想として出てきた」という。しかし、日本が前面に出るのではなく、緩やかな連帯を目指していた。そこには過去に対する配慮があった。

「いわゆる大東亜共栄圏の二の舞ではないかと疑いを持つ人があるかもしれない、ということを意識したわけです。そこで日本が指導して、日本の考え方を他の国に押しつけるのではなくて、それぞれの国の文化的な特色、アイデンティティを尊重する。多様性が重要。その上で交流を進めていくことが本来の意味での連帯意識につながるのではないか」

大平の構想では中国・ソビエトも加えることになっていた。オーストラリアで記者会見が行われた際、大平が「ソ連、中国も入ってもらうつもりでおります」と答えると記者の間から非難するような「ヒュー」という反応が起きた。前年の１９７９年、ソビエト軍がアフガニスタンに侵攻し、時代は新冷戦を迎えていたのだ。

しかし、大平の構想は冷戦を超えようとしていた。公開された大平ノートには、国際関係の構造変化が次のように記されていた。

〈2.　国際経済の対立軸の変化
イ.　米が英にとって代わる（19-20）
ロ.　西独日本の台頭（20-21）
〔大西洋中心〕に対ソの対立
ハ.　日米独の軸を中心に脱イデオロギー化したソ連、中国と反産業主義国（インド・アフリカ）の共存（21-22）
〔太平洋中心〕に諸国の再編成が行われる〉

世界がイギリス中心の大西洋の時代から、アメリカ中心の太平洋の時代に移行したと考えた大平。森田によれば、太平洋でやがて中国が台頭することを予見していた。

「当時の中国は必ずしも太平洋の主要国ではなかったにしても、大平の頭の中では、将来は中国が成長してアメリカと共に太平洋が重要になる時代が来るという、基本的な認識があった」

――太平洋をはさんで中国とアメリカをつなぐという考え方ですか？

「そうですね、つなぐという言葉が適当かどうか分かりませんけれど、太平洋を中心とした緩やかな連帯を考えていくべき時代が来ているという、考えです。だから大平は、冷戦構造というのを卒業していたと考えていいと思う。冷戦構造的な考え方はもう古い、と」

日本がアメリカと中国のはざまでいかに外交の舵取りを行うか――。環太平洋連帯構想は大平なりの答えだったのだ。

１９７９年９月に、大平とフレーザーとの間の合意にもとづき、第一回の環太平洋共同体セミナーが開かれる。その後、この会議は正式に太平洋経済協力会議（ＰＥＣＣ：Pacific Economic Cooperation Council）と命名された。これをベースにして、１９８９年にＡＰＥＣが設立され、後に中国や台湾も加盟することになる。大平の環太平洋連帯構想はＡＰＥＣへとつながっていった。

しかし、大平は、環太平洋連帯構想のその後を見ることはできなかった。

１９８０年、アメリカ、メキシコ、カナダ、西ドイツの訪問から帰国した大平を待っていたのは内閣不信任案だった。５月16日、社会党が提出した大平内閣不信任案は福田派、三木派ら反主流派の欠席により可決される。大平は衆議院を解散し、史上最初の衆参同日選挙に突入した。

５月30日、新宿で遊説の第一声を放った大平は、その夜、心筋梗塞で倒れ入院、６月12日に帰らぬ人となった。享年70。その劇的な死により、それまでの派閥抗争は影を潜め、「弔い合戦」を標榜した選挙に自民党は大勝した。

## 「永遠の今」

秘書の森田一は、急死した大平に代わって出馬、衆議院議員となり、その後、運輸大臣を務めた。森田は大平の外交政策をこう評する。

「永遠の今というのが大平の座右の銘だった。外交も過去の蓄積と未来の展望があって、その過去と未来との間でバランスの取れたところでちゃんとした外交をやらなきゃいかん。それから、昔の大使外交からだんだん首脳外交に移ってきている過渡期に自分はあるという認識に立って、総理大臣として的確な行動をしなきゃいかんと考えていた」

若き日、哲学書に親しんだ大平は、田辺元《たなべはじめ》の哲学を「過去を捨象すると革命になり、未来を捨象すると反動になる」と読み解き、「永遠の今」（eternal now）を唱えていた。未来と過去の緊張したバランスの中で、暫定的な解決を無限に求め続けていく保守主義である。大平のブレーンの一人、渡邉昭夫は「非常に長期的な長い目で話をしていた」と回顧する。

「目の前に、例えば尖閣をどうするかとか非常に難しい問題がある。それは、やむを得ない、否定できない事実です。尖閣で最悪の場合は火は吹くかもしれない。だからと言って長期的な我々の行き先はジ・エンドというわけではなくて、それを乗り越えて、もっと長い目で見て、21世紀にどの方向へ進んで行くかを考える時に、大平さんのような問題の提起の仕方が不可欠だと私は思う」

「哲人政治家」ともいうべき、大平が戦後史に残した最も大きな業績が日中国交正常化から円借款に至る外交だった。1979年、中国を訪問した大平は、北京市内の政協礼堂で「新世紀をめざす日中関係――深さと広がりを求めて」と題して講演している。中国全土にテレビとラジオで放送された講演の最後を大平はこう締めくくっている。

「21世紀に向かうこれからの時代にも、数々の荒波が襲うでありましょう。日中間においても、その荒波の中で、両国が時に意思を異にし、利害関係を異にする局面も出てくるかもしれません。しかしながら、両国間の二千年来の友好往来と文化交流の歴史をふりかえり、今日我々が抱いている相互の信頼の心を失わずに努力し続けるならば、我々の子孫は、永きにわたる両国の平和友好関係を世界に誇ることになるでありましょう」(『大平正芳回想録』)

# 終章

# 栗山尚一「最後の証言」

尖閣諸島周辺の日本の領海に侵入した漁船と海上保安庁の巡視船。2012年

## 「触れないこと」の暗黙の合意

いま、日中間の最大の懸案課題は中国の海洋進出である。そして尖閣有事への対応がマスメディアで論議されている。

１９７２年の国交正常化、１９７８年の日中平和友好条約の交渉で尖閣諸島について何が話し合われたのだろうか。中国側は、周恩来・鄧小平の発言は尖閣諸島の問題を一時棚上げしたものだと主張。しかし日本政府は、尖閣諸島は固有の領土であり、領有権の問題は存在しない、という立場で一貫している。

私たちがこれまで一次資料で明らかにできたのは、尖閣諸島に「触れない」「手をつけない」という日中間の暗黙の合意であろう。１９７４年に大平外相もキッシンジャーに「尖閣問題に手をつけないことの合意」があると説明している。

領土問題というナショナリズムに火をつけかねない問題には手をつけず、経済協力関係を進めようとする日中首脳の思惑が一致してのことだった。しかも、この合意は大平政権後も引き継がれていた。そのことをうかがわせる記録が見つかっている。

２０１４年12月30日、共同通信ロンドン支局は、イギリスの公文書館で解禁された文書から新たな事実を明らかにしている。それによると、１９８２年（昭和57）９月、鈴木善幸《ぜんこう》首相が、来日したサッチャー首相に、尖閣問題について「現状を維持する合意」があると伝えていた。

１９８２年９月20日午前９時20分、鈴木首相とサッチャー首相の会談が首相官邸で行われた。香港返還交渉を前にしたサッチャーに、鈴木は自らの鄧小平との会談の経験からアドバイスを行っていた。原史料によれば、次の通りである。

「鈴木首相のサッチャー首相への助言は、鄧小平と香港返還問題について直接交渉することが良いとするものだ。この助言は論争となっている尖閣諸島の領有権について鈴木自身が鄧と直接交渉した経験に基づいている。その結果、鈴木首相は（鄧と）、日中両国政府は大きな共通利益に基づいて協力すべきで、小さな違いは脇に置いておくとの合意に容易に到達した。（鈴木によると）その結果、（尖閣の）問題を具体的に示すことなく、現状を維持することで合意し、問題は事実上、棚上げされた（shelved）」

鈴木善幸は、首相就任前の１９７９年5月に訪中して鄧小平と会談している。前年の１９７８年の園田直・鄧小平会談と同様の「棚上げ」についての発言があった可能性は高い。イギリスの記録には、さらに次のように記されている。

「尖閣諸島の領有権をめぐる論争で、鈴木は特に鄧が協力的であるとの認識を持った。鄧は実際に、重要なのは（日中両政府が）共通の問題に集中し、小さな差異は脇に置いておくことだと述べ、尖閣諸島の将来は未来の世代の決定に委ねることができるとした。これ以降、中国側が尖閣問題について再び言及することはなかった」

国交正常化で条約課長として活躍した栗山尚一はどう見ているのか。栗山は晩年、朝日新聞などで「首脳レベルでの『暗黙の了解』がそこでできたと当時考えたし、今もそう思う」と発言していた（２０１２年10月31日）。

私たちは２０１４年12月、広尾の自宅で話を聞いた。

「実は非常に心外だったのは、中国側が最近になって棚上げについて日中間に合意があるとしきりと言う。私は、正直な話、それはちょっとどうかなと思う。合意というのは、何か文書があって、例えば周恩来総理と田中総理がサインしているというような印象を与える恐れがある。中国側がそういう意味での合意だとしているのであれば、それは日本側が言っているように合意はない」

文書はないとするならば、何が合意されているのか。栗山は、agree to disagree（合意しないことを合意する）という表現で説明した。

「尖閣については書き物があるわけじゃない。中国側がこう言って日本側がこう言って、結果こうだった、棚上げすることに合意したという、そんな書き物があるはずがない。非常に高度の政治的なレベルで、最初は周恩来と竹入義勝さん、究極的には田中さんと周恩来、そういう意味で agree to disagree の話が行われた。それをお互いが受け入れたということだと思う。agree to disagree という枠組みが成立するためにはいくつか条件がある。大きく言って二つの条件と言ったらいいでしょう。

一つは尖閣について、これは俺の物だということをお互いに主張することは構いません。だけど、どっちかが相手の言う条件を飲んで、交渉することを期待してはいけない。話し合いをしないということが棚上げであって、棚から下ろして、ああでもないこうでもないと言うのは棚上げにならないわけですからね。だからそれは駄目だと思う。

もう一つ重要なことは、棚上げと言った以上は、agree to disagree である以上は、当時の法律的、政治的な枠組みを壊すような一方的な行動を、日本側も中国側も取らないという暗黙の合意がある。暗黙のですよ、暗黙の合意。これが大事なんで。

とても難しい問題だから、今交渉しても解決しないとお互いが認識した時には、いくつか交渉にとって代わる方法がある。一つは武力で軍事的に解決する。けれどもこれは国際法でも国連憲章でも禁止されている。そんなことはやってはいけない。その次は裁判所に行って司法的な解決を取る。司法的な解決の場合には、結果がお互いにどんなに自分に不利なものであっても受け入れるという政治的状況が国内に存在しなければ成り立たないわけです。例えば国際司法裁判所へ行って、多数決で尖閣は日本のものだと判決を出したと仮定します。

そうすると、いったい中国は受け入れるような状況に今現在あるかと言ったら、恐らくそうじゃないでしょう。中国のナショナリズム的な動きを考えると、そういうことは成り立たないと思う。

そうすると、三つ目はさっき言ったいわゆるagree to disagreeで、棚上げです。あるいは先延ばしと言ってもいい。先延ばし。棚上げという表現が具合悪いと言うなら先延ばしでもいい。要するに交渉することをしない。

しかし、一方的に現状を変更することもやらない。これは了解がないと実際うまくいかないわけです。だから中国側が棚上げについて合意があると、もし、おっしゃるなら、それは一方的な現状変更をしないということについて、きちんとした了解があるということ。でなければ、それはagree to disagreeにならない。その点、私は日本が強く中国側に言ってしかるべきではないかと思っている」

――中国側が田中・周恩来の会談以来、鄧小平の日中友好平和条約の時も、尖閣諸島に関してはお互いにその議論を棚上げしていると、主張している。それとagree to disagreeというのはちょっとニュアンスが違うと思うのですが、そこは栗山さんがおっしゃった言葉で言うと先延ばし、先送りというような意味で理解した方がいいですか?

「私はその方が誤解が少ないと思う。私が非常に憂慮しているのは、中国側は70年代、80年代、鄧小平が来る時まではこの問題の先送りについては一応了解をしていたと思う。

けれども1992年に領海法を制定して、尖閣は中国のものだと法律的に規定する状況になった。これは一方的な現状変更だと考えざるを得ないアクションです。そこから中国の態度は少し本来の棚上げとは率直に言って違うようになってきた。特に21世紀になってからは、もっとそれが激しくなってきたと心配しているわけです。

中国側は現状を一方的に変えようと最近になって特にいろいろやっている。警備船を接続水域の中に入れるとか、場合によっては領海の中に入れるとか、飛行機も飛ばしている。日本側から言わせれば明確な現状変更の行為です。そういうのはやめてもらわなければならない。中国側が、棚上げの合意があると言うなら、了解が成立するようなことをやってもらわなくちゃ困る。それは何かというと、現状を一方的に自分に有利なように変える行為は自制してもらわないと棚上げにならないです」

栗山が指摘するように、1992年2月、中国は「中華人民共和国領海及び隣接区域法」で、「台湾及びその釣魚島を含む付属諸島は中華人民共和国に付属する島嶼である」と規定した。これは中国側が主張する棚上げに背反する。

その後、2010年9月7日に中国漁船が海上保安庁の船舶に体当たりしてから、尖閣諸島をめぐる日中の緊張は高まっていった。

そして、2012年、奇しくも国交正常化40年を迎えた年。石原慎太郎東京都知事の尖閣諸島購入計画に端を発して、野田政権の国有化宣言、中国の反日デモの拡大と日中は最悪の関係に陥った。「尖閣には触れない」とする暗黙の了解を忘れたかのような事態が続いたのである。

栗山はその死後に刊行された著書『戦後日本外交　軌跡と課題』のなかで、尖閣問題をめぐる最近の日中間の緊張が、「この問題を『棚上げ』するとの72年の両国首脳間の暗黙の了解が90年代以降両国政府の『組織としての記憶』（Institutional memory）から徐々に消失したことによる」としている。そして、次のように提言している。

「両国関係を安定した軌道の上に戻すためには、いま一度72年の原点に帰り、問題を無理に解決しようとすれば失うものがあまりに大きいとの認識を改めて共有し、何らかの形で『棚上げ』の了解を復活させるよりないと思われる」

1972年、1978年の「暗黙の合意」の背後にあった外交の知恵をもう一度、振り返ってみる必要があるというのだ。栗山のこの指摘は、日中外交を考える時、重要であろう。

## アメリカはどう対応するのか

現在、中国は海洋進出を図り、南シナ海でも緊張が続いている。こうした中、アメリカは尖閣諸島の領有権については第2章で詳述した中立の立場を崩していない。

では、尖閣諸島に日米安保条約が適用されるのか――。

2004年3月24日、魚釣島の中国人活動家の上陸を受けて、アダム・エレーリ米国務省副報道官は記者会見で次のように述べている。

「尖閣諸島は、1972年の沖縄返還以来、日本の施政権下にある。日米安保条約第五条は、条約が日本の施政権下にある領域に適用されると明言している。従って、安保条約第五条は尖閣諸島に適用される。ただし、尖閣の領有権に関しては対立がある。アメリカは、尖閣諸島・釣魚島の最終的な領有権の問題については、立場を定めない」

尖閣諸島は日本の施政権下にあり、安保条約第五条が適用されるが、アメリカ側からは表明しない。そして、領有権の問題には関わらないというのだ。

2010年8月16日、国務省の定例会見でフィリップ・クローリー国務次官補は、「尖閣諸島の領有権についてアメリカの立場は示さない」としながらも、「もし、あなたが今日、安保条約が尖閣諸島に適用されるかと質問すれば、答えはイエスです」と答えた。

それから間もない9月、中国漁船と海上保安庁の船舶が衝突した。これを受けて10月27日、ヒラリー・クリントン国務長官は前原誠司外相と会談。「尖閣は安保条約第五条の適用範囲」と明言した。その後、南シナ海での中国の進出に歯止めをかける必要に迫られたバラク・オバマ大統領は、尖閣諸島についても日米同盟の結束を示そうとする。

2014年4月24日、来日したオバマは安倍首相との日米首脳会談後の共同記者会見で、アメリカの大統領としてはじめて、尖閣諸島が日米安全保障条約の適用対象に含まれることを明言した。

「日米安全保障条約の第五条は、日本の施政下にあるすべての領土が含まれる。そこには尖閣諸島も含まれる」

同時に、オバマ大統領は「領有権に関しての決定的な立場は示すつもりはない」と発言している。施政権と領有権を分けて、領有権については判断しない「中立政策」は一貫しているのである。

２０１７年2月、安倍首相はドナルド・トランプ大統領との首脳会談の後、共同声明を発表。尖閣諸島が日米安全保障条約第五条の適用範囲であることを確認した上で、「尖閣諸島に対する日本の施政を損なおうとするいかなる一方的な行動にも反対する」とした。さらに、両首脳は、航行の自由を含む国際法に基づく海洋秩序の維持の重要性や、威嚇や強制、力によって海洋の権利を主張する試みに反対することを確認。名指しはしないものの、中国を牽制した。

## 米中のはざまで

いまや、世界第2位の経済大国となり、軍事力を増強し海洋進出を図る中国と日本はどのように向き合うべきなのか。栗山に尋ねた。

——アメリカと中国のはざまで日本がこれから外交を展開していく上で、何が大事になってくると思いますか？

「日本が二つの大国の間に置かれて困るではないかという人はいないわけではない。けれども、私はそんなことはないと思う。

日本とアメリカの関係はアメリカと中国との関係とは違う。どう違うかというと、アメリカと中国は非常に競争関係が強い大国同士の関係です。それに対して日本とアメリカの関係はそういう本質的な意味での競争関係はない。いわゆる同盟国の関係で、イデオロギー、歴史、文化、言葉、そういうものが随分アメリカと日本では違いますけれども、しかしそういう違いを乗り越えて一種の連帯的な認識が生まれている関係ではないかと思う。

これに対してアメリカと中国の関係は大国同士の非常に複雑な関係です。長期的に見ると、中国はよほどよく考えないと米中関係は非常に厄介な関係になってくると思います。中国は中華民族の夢と言って、新しい二つの大国間の関係を作ると言います。米中間にはそういう関係を作るだけの広さ、太平洋を持っているという変なことを言う。もし中国が地政学的なジオポリティカルな関係をアメリカとの間で作る、昔のソ連とアメリカとの関係に似ているような二つの大国関係を米中間で作ることを考えているのであれば、これは中国にとっては非常に危険なゲームだと中国は知っておかないといけないと思います。

実は日本が戦争前にそういうことを考えた。西太平洋は日本のものだと考えて大東亜共栄圏と言って、アメリカを西太平洋から追い出すと唱えて、ひどい目に遭ったわけです。それと同じことが、また中国とアメリカとの間に起こるのではないかと、若干、私は心配をしています。中国のリーダー、習近平さん、あるいは習近平さんの次のリーダーがそこらへんをよく分かっていれば、中国の力を非常にワイズに使うことを考えれば、もちろんそういうことにはならないでしょうけれど……」

——日本の立場からすると、尖閣諸島とか竹島の議論、また歴史認識の問題など課題もありますが、今後の日本外交では、どのような姿勢が大事でしょうか？

「日本は道義的な立場が必要だと思う。何かと言いますと、日本と中国との間に軍事的に競争関係、対等の競争関係を築こうという気持ちは日本にはない。しかし、歴史問題を中国が言い出す時には、道義的な立場において、中国は日本の優位に立とうと考えて、そういうことを言うんだろうと思う。それに対する日本の議論は、戦前、戦中の日本の行動・行為についてはきちんと謝罪すべきは謝罪をし、反省すべきは反省をすることが必要です。それをあでもない、こうでもないって言えば言うほど、私は、日本はモラルな立場を失うと思う。やはり、きちんとけじめをつけると。

　しかし、もう一つ日本が平和国家として戦後半世紀以上やってきたことは、評価をしてくれないと困ると、日本は中国に対して主張すべきだと思います。戦前、戦中のことに対する謝罪、反省というものはあくまでもきちんとする必要がある。しかし、他方主張すべきは、『戦後の日本を評価してくれないで、戦前のことばかり言われても、日本はそれはもうフェドアップ（もう嫌）だ。ついていけない』と私は言うべきだと思う。そこをきちんとやれば、日本は中国に対しても道義的な立場を確保することが出来て、外交的にも対等にやっていける。それがないと日本は『ちょっとおかしい』と中韓だけではなくて、いろんなところから言われて、英語でいうモラルハイグラウンド（道義的優位）が失われてしまうのではないかと思う。それが、これからの日本の取るべき外交の姿勢としては必要なことだと思う。私はある意味では非常に簡単だし、ある意味では若干難しいかなと思っている」

栗山はこのインタビューの4ヵ月後、2015年4月1日、肺炎で亡くなった。

4月8日、東京都千代田区の聖イグナチオ教会で営まれた葬儀には300人が参列した。

これまで私は、戦後史のドキュメンタリーを作ってきたが、最近、取材でインタビューした方が、放送前や放送直後に亡くなることが多くなっていた。栗山のインタビューは亡くなってから2ヵ月あまり後、2015年6月に放送された。私は、栗山が最後のテレビインタビューの終わりで、戦後日本の平和への歩みを確認し、「道義的な立場の確立」を訴えたことに改めて思いをいたしていた。

**国交正常化への道に何を見るのか**

5年間に渉り、私は二つの番組で日中外交の出発点を追ってきた。

それは、高碕達之助に始まり、石橋湛山、松村謙三、古井喜実、大平正芳と続く自民党親中派の系譜をたどる旅でもあった。彼らがつないできた対中パイプがあったからこそ、米中和解という衝撃を受けても、日中国交正常化を短期間で実現できたのだ。改めて外交における人的なパイプの重要性に気づかされる。それは、かつての自民党が持っていた幅の広さでもある。派閥抗争は、晩年の大平の命を確実に縮め、金権選挙を招いたとはいえ、各派閥が切磋琢磨していた自民党の中で、親中派の存在は独自の外交ルートとして機能していた。

それを受け止める中国側も周恩来の下に日本組とよばれるスタッフが形成されていた。外交の基本が、人と人との交渉であるとすれば、冷戦が激化したアジアで、日中間に細々とだが、つながりを保ち続けた人びとがいたことは銘記されていい。

二つの番組で私たちが注目した高碕、石橋、大平に共通するのは、冷戦の渦中にありながら、冷戦を乗り越えていく将来構想を持っていたことだ。

高碕はＬＴ貿易を進めながらも、同時にアメリカに理解を求めていた。むしろ対立する米中の仲介の役割を日本が積極的に担おうとしていた。石橋の「日中米ソ平和同盟」、大平の「環太平洋連帯構想」は、いずれも日本が媒介となってアメリカ、中国、ソビエトを加えていく平和構想である。世界を支配した冷戦構造を変わらぬものとして、これを利用して生きていくのか、それとも変化する兆しをとらえ、積極的に新たな時代構想を提示するのか。石橋、大平の構想は後者の道をめざした試みだった。しかも、その将来構想は、かつて大東亜共栄圏の名の下にアジア太平洋に未曽有の惨禍をもたらしたことの反省から生まれていた。

そして将来構想の中軸に据えられていたのは、経済だった。イデオロギー、政治で対立しようとも、経済関係なしに日本と中国は生きていくことはできない。このリアリズムは経済人・高碕に最も強く意識されていた。対する周恩来、鄧小平は、文革の混乱を収束し、中国を近代化するために日中の経済関係が何よりも重要であることを認識していた。大平はその近代化を円借款で積極的に援助し、アジアに成長の時代をもたらしたのである。

いま、中国は世界第二位の経済大国となり、日本の優位が失われた。かつてのように経済援助、技術協力が外交カードとして切れなくなった。大国化した中国は海洋進出を強めている。外交の舵取りは、冷戦の時代とは異なった厳しさ、難しさがある。

しかし、人的パイプを再構築することは、今も変わらぬ重要な課題であろう。２０１２年、高碕、大平の粘り強い交渉の経緯を取材していた私は、現実の報道では、尖閣諸島で相互に不信を強めていく日中首脳、広がりゆく反日デモの映像を見続けなければならなかった。

戦争で一度壊れた関係を修復するのは難しく、しかも、壊れていく時はあっという間に壊れていく……。その意味でも、いま、できるだけ多くの人びとが国交正常化の時代の営みに目を向けてほしいと切に願う。

## あとがき

中国史の専門家ではない私が、なぜ、この本を書くことになったのか――。

テレビ・ドキュメンタリーで日中関係史に取り組むことになったきっかけは、今から27年前のNHKスペシャル「張学良がいま語る　日中戦争への道」（1990年12月9日放送）である。中国史が専門の長井暁ディレクターの企画だ。30歳前で若くエネルギーに満ちていた彼は、台湾で張学良のスクープインタビューをものにした。満州の軍閥、張作霖の息子で、父を日本軍に殺された張学良。西安事件で国共合作へ動くが、その後、長く軟禁状態にあった。そんな張学良の貴重な証言を得たのだ。共同でディレクターを担当した私も30歳、日本側の証言者を片端からインタビューして回った。当時は満州事変に関わった関東軍の片倉衷《ただし》参謀も存命で、ラストエンペラー溥儀の擁立について語ってくださった。

多くの満州国関係者に会うなかで、子供の頃、母が語った中国東北部・旧満州の思い出がよみがえってきた。ハルビンの副市長をつとめた祖父の家には門番、コックがおり、白系ロシア人の運転手がいた。ユダヤ人街もあり、国際色豊かな、まばゆいばかりのハルビンの生活。しかし、それは張学良を武力で追った末に建国された満州国での支配者側の記憶であった。母が「匪賊」と語っていたのは、日本の支配に抵抗する東北抗日聯軍のパルチザンだった。歴史は視点を変えてみると全く異なった相を描く、そのことを痛感させられた。

半世紀を経て、公のインタビューに応じた張学良は述懐していた。

「私は、一生を日本によって台なしにされました」

その証言は力強く、結局、私が取材した日本側の証言は全落ちとなってしまった。これをきっかけに、日本人の中国体験を現代史のなかで見つめ直したいと考えるようになった。母は戦前、延吉《えんきつ》、ハルビンで育ったが、父は、1943年中国に出征している。しかし、子供たちに戦争体験を語ることはなく、その沈黙の背後に何があったのか、という疑問はずっと心の奥底から消えなかった。

私にとって中国現代史はファミリーヒストリーでもあり、両親の体験を相手の側、被害者の側から見つめ直すことだった。

もちろん、テレビ番組は個人的な動機だけで作れるものではない。靖国神社参拝や教科書問題で歴史認識をめぐって日中関係がぎくしゃくするなか、まず、過去を実証的に見つめ直す必要があると考えた。次のテーマに選んだのが南京事件、その経緯を国際的な視点から明らかにすることだった。企画は一度頓挫したが、プロデューサーになって、２００６年8月にようやく実現した。「ＮＨＫスペシャル　日中戦争～なぜ戦争は拡大したのか～」である。番組では、兵士がなぜ非戦闘員の殺害にまで至ったのか、最新の資料と証言で追究した。幸い番組は好評で芸術祭大賞を受賞した。放送後、私は父から、通信兵として敗戦まで南京にいたことを知らされた。

その後も、私はさまざまな機会を見つけては、日中関係史を映像化した。辛亥革命１００年の２０１１年にはＢＳの特集で、孫文、溥儀《ふぎ》、蔣介石の３人の生涯から日中関係を見つめた。さらに旧満州からの引き揚げや満州映画協会、毒ガス戦、従軍作家・火野葦平《あしへい》とテーマは尽きなかった。

間もなく定年を迎える年になって、締めくくりとして取り組んだのが国交正常化であった。番組制作には多くの人々の力を結集しなければならない。「ＮＨＫスペシャル　日中外交はこうして始まった」では、濵崎憲一、韓国人の田容承、二人のディレクターとリサーチャーの岩本善政でチームを組んだ。中国ロケのコーディネーターは劉豆。期せずして日中韓三国のスタッフで国境を越えて議論しながら、制作することになった。

さらに尖閣問題がクローズアップされると「ＮＨＫスペシャル戦後70年ニッポンの肖像」

を制作。梅原勇樹がディレクターに加わり、アメリカのリサーチには大ベテランの野口修司と柳原緑があたり、新資料、新証言を次々に得ていった。また、台湾では蘇南芬が、銭復ら大物のインタビューに成功した。

本書はこうしたスタッフの力によって、ようやく成ったものである。テレビの放送に収まりきらず、割愛せざるを得なかった多くの証言、史料を収載することができた。

取材では多くの研究者の方々のお仕事に負うところが大きかった。番組にもご出演いただいた早稲田大学名誉教授の毛里和子先生には原稿にも目を通して有益なご指摘をいただいた。蔣介石日記は東京大学教授の川島真先生から、森田一日記は獨協大学教授の福永文夫先生からご提供いただいた。研究者の皆様のお名前を掲げて改めて感謝の意を表したい（敬称略）。

井上正也　大澤武司　加藤聖文　倉沢愛子　小林聡明　佐野方郁　信夫隆司　朱建榮　杉浦康之　服部龍二　増田弘　松田康博　宮城大蔵　村上友章　渡邉昭夫　渡邊満子

出版にあたっては講談社の中村勝行学芸部長に懇切丁寧なご指摘をいただいた。

今年は、日中戦争勃発から80年を迎える。戦争の時代を私たち日本人がどのように見つめ、未来を考えていくか。本書がそのために少しでも資することがあればと願っている。

２０１７年2月末日

塩田　純

## 主要参考文献

〔書籍〕

石井明ほか編『記録と考証　日中国交正常化・日中平和友好条約締結交渉』岩波書店　２００３年
井上清『尖閣列島　釣魚諸島の史的解明』第三書館　１９９６年
井上正也『日中国交正常化の政治史』名古屋大学出版会　２０１０年
居安正『ある保守政治家　古井喜實の軌跡』御茶の水書房　１９８７年
ＮＨＫ取材班『戦後50年その時日本は　第1巻60年安保と岸信介』日本放送出版協会　１９９５年
ＮＨＫ取材班『戦後50年その時日本は　第４巻沖縄返還／日米の密約』日本放送出版協会　１９９６年
大澤武司『毛沢東の対日戦犯裁判』中央公論新社　２０１６年
大平正芳『財政つれづれ草』如水書房　１９５３年
大平正芳『大平正芳全著作集』第5巻、第7巻　講談社　２０１１年、２０１２年
大平正芳回想録刊行会『大平正芳回想録』鹿島出版会　１９８３年
岡田晃『水鳥外交秘話　ある外交官の証言』中央公論社　１９８３年
岡田充『尖閣諸島問題　領土ナショナリズムの魔力』蒼蒼社　２０１２年
鬼頭春樹『国交正常化交渉　北京の五日間　こうして中国と日本は握手した』ＮＨＫ出版　２０１２年
栗山尚一『戦後日本外交　軌跡と課題』岩波書店　２０１６年
佐藤榮作『佐藤榮作日記』第四巻　朝日新聞社　１９９７年

## 主要参考文献


信夫隆司『若泉敬と日米密約　沖縄返還と繊維交渉をめぐる密使外交』日本評論社　２０１２年
朱建榮『中国で尊敬される日本人たち』中経出版　２０１０年
周斌『私は中国の指導者の通訳だった　中日外交　最後の証言』岩波書店　２０１５年
園田直『世界　日本　愛』第三政経研究会　１９８１年
高碕達之助『満州の終焉』実業之日本社　１９５３年
高碕達之助『高碕達之助集』（上下）東洋製罐　１９６５年
豊下楢彦『「尖閣問題」とは何か』岩波書店　２０１２年
中江要介『アジア外交　動と静　元中国大使中江要介オーラルヒストリー』蒼天社出版　２０１０年
中曽根康弘『政治と人生　中曽根康弘回顧録』講談社　１９９２年
服部龍二『日中国交正常化　田中角栄、大平正芳、官僚たちの挑戦』中央公論新社　２０１１年
服部龍二『大平正芳　理念と外交』岩波書店　２０１４年
原貴美恵『サンフランシスコ平和条約の盲点』溪水社　２００５年
原彬久『岸信介　権勢の政治家』岩波書店　１９９５年
春名幹男『仮面の日米同盟　米外交機密文書が明かす真実』文藝春秋　２０１５年
福永文夫『大平正芳「戦後保守」とは何か』中央公論新社　２００８年
古井喜實『日中十八年　一政治家の軌跡と展望』牧野出版　１９７８年
保阪正康『歴史でたどる領土問題の真実』朝日新聞出版　２０１１年
本田善彦『台湾と尖閣ナショナリズム　中華民族主義の実像』岩波書店　２０１６年
牧村健一郎『日中をひらいた男　高碕達之助』朝日新聞出版　２０１３年
孫崎享編『検証　尖閣問題』岩波書店　２０１２年

増田弘『石橋湛山　リベラリストの真髄』中央公論社　１９９５年
増田弘編著『ニクソン訪中と冷戦構造の変容』慶應義塾大学出版会　２００６年
村田忠禧『尖閣列島・釣魚島問題をどう見るか』日本僑報社　２００４年
村田忠禧『史料徹底検証　尖閣領有』花伝社　２０１５年
毛里和子・増田弘監訳『周恩来キッシンジャー機密会談録』岩波書店　２００４年
毛里和子『日中関係　戦後から新時代へ』岩波書店　２００６年
森田一『心の一燈　回想の大平正芳　その人と外交』第一法規　２０１０年
森田一『大平正芳秘書官日記』柏書房　２０１７年刊行予定
矢吹晋『尖閣衝突は沖縄返還に始まる　日米中三角関係の頂点としての尖閣』花伝社　２０１３年
矢吹晋『尖閣問題の核心　日中関係はどうなる』花伝社　２０１３年
矢吹晋『敗戦・沖縄・天皇　尖閣衝突の遠景』花伝社　２０１４年
矢吹晋『南シナ海　領土紛争と日本』花伝社　２０１６年
琉球新報・山陰中央新報『環りの海　竹島と尖閣　国境地域からの問い』岩波書店　２０１５年
劉傑・川島真編『対立と共存の歴史認識　日中関係１５０年』東京大学出版会　２０１３年
劉徳有『時は流れて　日中関係秘史五十年』（上下・王雅丹訳）藤原書店　２００２年
鹿雪瑩『古井喜実と中国　日中国交正常化への道』思文閣出版　２０１１年
ロバート・Ｄ・エルドリッヂ『尖閣問題の起源　沖縄返還とアメリカの中立政策』（吉田真吾・中島琢磨訳）
名古屋大学出版会　２０１５年
若泉敬『他策ナカリシヲ信ゼムト欲ス』文藝春秋　１９９４年
渡邊満子『祖父　大平正芳』中央公論新社　２０１６年

和田春樹『領土問題をどう解決するか　対立から対話へ』平凡社　２０１２年

〔論文〕
井上正也「高碕達之助の対米工作と日中関係」香川大学法学会編『現代における法と政治の探求』（成文堂）所収　２０１２年
加藤聖文「高碕達之助と戦後日中関係　日本外交における『政治』から『経済』への転換」劉傑・川島真編『対立と共存の歴史認識』（東京大学出版会）所収　２０１３年
栗山尚一「『密約』問題」２０１１年
田中角栄「日中の課題は『信義』と両国民の『自由な往来』だ」『宝石』（光文社　１９８４年11月号）
田島高志「尖閣問題『中国側は話し合いを控えたいとし、日本側は聞きおくに留めた』—鄧小平・園田会談同席者の証言」『外交』Vol18所収　２０１３年
倪志敏「田中内閣における中日国交正常化と大平正芳（その三）」『龍谷大学経済学論集』第47巻第３号所収２００７年
倪志敏「大平正芳と阿片問題」『龍谷大学経済学論集』第49巻第1号所収　２００９年
服部龍二「２０１１年12月22日公開ファイル『日中国交正常化』ほか」『外交史料館報』第26号所収　２０１２年
増田弘「〝尖閣〟奇聞・仄聞」東洋英和女学院大学現代史研究所　Newsletter 第15号　２０１４年

〔私家版〕
周斌『私が自ら見た、中日国交会談の裏側』
高碕達之助『訪中記』１９６０年

「NHKスペシャル
日中外交はこうして始まった」
2012年9月30日放送

| | |
|---|---|
| キャスター | 五十嵐公利　鎌倉千秋 |
| 語り | 長谷川勝彦 |
| 声の出演 | 81プロデュース |
| 撮影 | 岩永裕二　竹内秀一 |
| 技術 | 沖中勝久 |
| 音声 | 土肥直隆　廣田昭雄 |
| 映像技術 | 真壁一郎 |
| 映像デザイン | 寺尾一将 |
| CG制作 | 上床隼人 |
| 音響効果 | 日下英介 |
| リサーチャー | 柳原 緑 |
| コーディネーター | 劉 豆　小松邦康 |
| 取材 | 濵崎憲一　岩本善政 |
| 編集 | 西條文彦 |
| ディレクター | 田 容承　真野修一 |
| 制作統括 | 塩田 純 |

「NHKスペシャル
戦後70年ニッポンの肖像　冷戦 日本の選択」
2015年6月20日放送

| | |
|---|---|
| キャスター | 三宅民夫　首藤奈知子 |
| 語り | 伊東敏恵 |
| 声の出演 | 81プロデュース |
| 撮影 | 富永真太郎 |
| 音声 | 阿部晃郎　宮﨑秀雄 |
| 映像技術 | 松本浩治 |
| 技術 | 増田 徹 |
| 映像デザイン | 宮嶋有樹 |
| タイトル制作 | 白組 |
| CG制作 | 花澤雅史 |
| 音響効果 | 小野さおり |
| 編集 | 西條文彦 |
| コーディネーター | 野口修司　劉 豆　蘇南芬 |
| リサーチャー | 柳原 緑　松山果包 |
| 取材 | 岩本善政　関屋 順 |
| ディレクター | 田 容承　梅原勇樹 |
| 制作統括 | 塩田 純 |

〔写真提供〕
NHK　P25、29、43、47、68、70、86、89、
91、127、130、142、144、189、218
毎日新聞社　P9、239

塩田 純　しおだ・じゅん

1960年東京都生まれ。東京大学文学部社会学科卒業。1983年NHK入局。現在、文化・福祉番組部エグゼクティブ・プロデューサー。

日本・アジアの現代史のドキュメンタリーに取り組む。主な番組に、NHKスペシャル「東京裁判への道」（放送文化基金賞本賞）、「日中戦争」（文化庁芸術祭大賞）、「日本国憲法誕生」（文化庁芸術祭優秀賞）、BSドキュメンタリー「アジアに生きる子どもたち」（イタリア賞　グラナロロ特別賞）ほか。ETV特集「シリーズ　日本と朝鮮半島2000年」などで平成21年度芸術選奨文部科学大臣賞を受賞。

著書に『ガンディーを継いで　非暴力・不服従の系譜』『日本国憲法誕生　知られざる舞台裏』。共著書に『張学良の昭和史最後の証言』『東京裁判への道』などがある。

尖閣諸島《せんかくしょとう》と日中外交《にっちゅうがいこう》
証言《しょうげん》・日中米《にっちゅうべい》「秘密交渉《ひみつこうしょう》」の真相《しんそう》

二〇一七年四月一三日　第一刷発行

著者　塩田《しおだ》 純《じゅん》

発行者　鈴木 哲
発行所　株式会社講談社
東京都文京区音羽二―一二―二一　〒一一二―八〇〇一
電話　編集〇三―五三九五―三五二二
販売〇三―五三九五―四四一五
業務〇三―五三九五―三六一五
印刷所　慶昌堂印刷株式会社
製本所　黒柳製本株式会社



定価はカバーに表示してあります。　ISBN978-4-06-220567-2

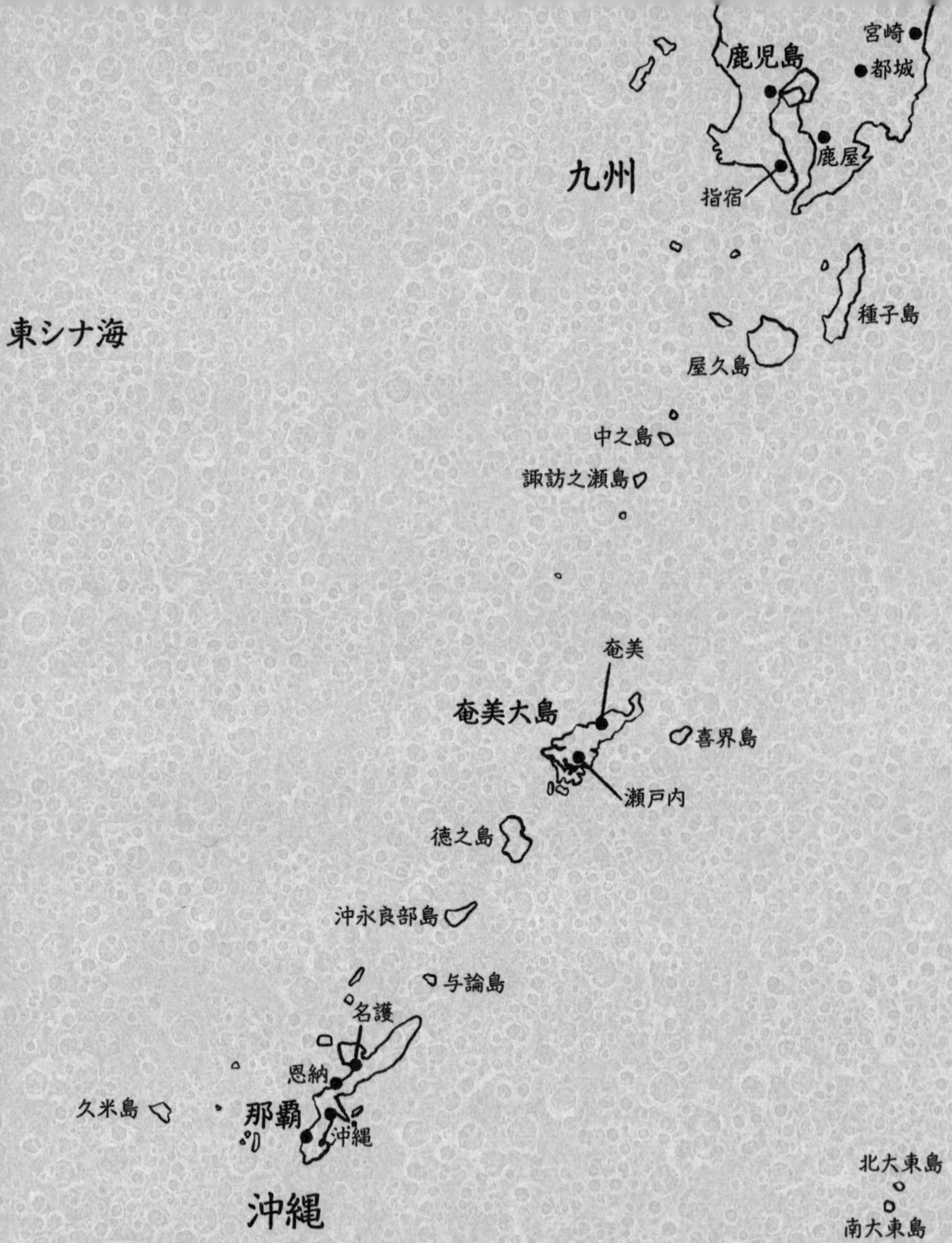
宮崎
鹿児島
都城
九州
鹿屋
指宿
東シナ海
種子島
屋久島
中之島
諏訪之瀬島
奄美
奄美大島
喜界島
瀬戸内
徳之島
沖永良部島
与論島
名護
恩納
久米島
那覇
沖縄
北大東島
南大東島
沖縄